LE TITANIC

Philippe Masson

LE TITANIC

France Loisirs
123, boulevard de Grenelle, Paris

Édition du Club France Loisirs, Paris
avec l'autorisation des Éditions Tallandier

ISBN : 2-7441-1354-9
N° d'éditeur : 29 249
Dépôt légal : mars 1998

Sommaire

Chapitre 1

Le géant des mers

Le mercredi 10 avril 1912, en début d'après-midi, sous un ciel typiquement britannique, le *Titanic*, le plus grand et le plus luxueux paquebot du monde, appareille de Southampton. Le soir, à la nuit, la « merveille des merveilles » mouille en rade de Cherbourg. Le lendemain, vers midi, le paquebot effectue une dernière escale au large de l'Irlande, en face de Queenstown. Deux heures plus tard, le bateau appareille pour New York. Par un temps splendide, il longe la côte sud de l'Irlande, piquetée de petites maisons blanches noyées dans la verdure. À la tombée de la nuit, escorté par un vol de mouettes, le *Titanic* pénètre dans l'Atlantique. Le Maiden trip, le voyage inaugural, commence.

Avec un déplacement de 46 000 tonnes et une longueur de 270 mètres, le *Titanic* représente une nouvelle étape dans le gigantisme. Phénomène relativement récent. De 1850 à 1900, à se limiter aux plus grands vapeurs, on est passé de 1 500 tonnes et 70 mètres de long, à plus de 15 000 tonnes et 200 mètres. Étonnante mutation qui tient déjà à des considérations techniques : construction métallique, progrès de la propulsion.

Mais le facteur majeur n'est pas là. Il tient à une augmentation constante du trafic : privilégiés de la fortune, hommes d'affaires, ingénieurs, universitaires, touristes. Il procède aussi d'une masse croissante d'émigrants qui désertent le vieux continent à destination du Nouveau Monde. Leurs origines géographiques ne cessent d'évoluer. Jusque dans les années 1880, Irlandais, Anglais, Scandinaves dominent, bientôt rejoints par les Allemands. Depuis les premières années du XXe siècle, le gros des effectifs est constitué de Méditerranéens, de Slaves ou d'Israélites originaires d'Autriche-Hongrie ou de Russie. À l'apogée de la voile, en 1850, les départs portent déjà sur plus de 200 000 personnes, pour en atteindre 1,4 million en 1913.

À ces deux éléments, s'ajoute la rivalité anglo-allemande qui met en cause la maîtrise britannique, sur le plan de la navigation mondiale, acquise au lendemain de la guerre de Sécession avec l'éclipse de la

En mettant presque simultanément en service l'Olympic et le Titanic, la White Star comptait résister victorieusement à la concurrence allemande et même à celle de sa vieille rivale, la Cunard.

WHITE STAR
LINE

marine marchande américaine. À l'extrême fin du XIXe siècle, l'Allemagne wilhelminienne tient à devenir une grande puissance navale, aussi bien sur le plan militaire avec la création d'une grande marine de guerre, à l'initiative du grand-amiral Tirpitz, que sur le plan commercial.

▶

Le Titanic après son lancement.

Le Titanic en construction aux chantiers Harland & Wolff de Belfast.

▼

L'Atlantique : un grand défi commercial

Deux grandes compagnies, la Hansa ou Hamburg Amerika Linie et la Norddeutscher Lloyd s'efforcent de dominer le trafic et de gagner cette bataille de l'Atlantique. Elles mettent en service de véritables palaces flottants, comme le *Kaiser Wilhelm der Grosse* ou le *Deutschland*, qui dépassent 200 mètres et sont capables d'atteindre les 23 nœuds. À la stupeur générale, les Allemands ravissent à la Grande-Bretagne le fameux ruban bleu, le trophée accordé au bâtiment qui a effectué la traversée la plus rapide de l'Atlantique nord.

L'Angleterre entend relever le défi. Grâce à un prêt du gouvernement, la Cunard met en service, en 1906 et 1907, deux super-paquebots, le *Mauretania* et le *Lusitania*, qui dépassent 250 mètres et 32 000 tonnes. Grâce à une puissance de 68 000 chevaux, associée à des turbines, les deux « lévriers des mers » atteignent 25 nœuds en service courant. Les aménagements intérieurs sont à la mesure de leurs dimensions et de leurs performances.

La White Star, intégrée dans le trust de l'océan fondé par le financier J. Pierpont Morgan, entre à son tour en lice. À l'initiative de son directeur, Bruce Ismay, la vieille compagnie britannique entend mettre en service de 1911 à 1914 trois géants des mers, l'*Olympic*, le *Titanic* et le *Gigantic* qui sera rebaptisé *Britannic*. Avec 270 mètres et 46 000 tonnes, ces deux mastodontes ne sont pas une réplique du *Mauretania* ou du *Lusitania*. Ils ne cherchent pas à rivaliser sur le plan de la vitesse, avec des retombées financières qui peuvent se révéler désastreuses. À une certaine vitesse, constate le directeur de la compagnie générale transatlantique, le charbon finit par coûter plus cher que le caviar !

Avec deux machines alternatives encadrant une turbine basse pression, la puissance ne dépassera pas 45 000 chevaux pour une vitesse de croisière de 21 à 22 nœuds. En revanche, les nouveaux bâtiments pourront embarquer 2 400 passagers, dans des conditions de confort exceptionnelles. Ils seront construits aux chantiers Harland et Wolf de Belfast.

Le *Titanic* est mis en chantier le 31 juillet 1909, trois mois après

Double page suivante :
La propulsion du Titanic était originale.
L'hélice centrale était actionnée par
une turbine et les deux hélices latérales
par des machines alternatives.

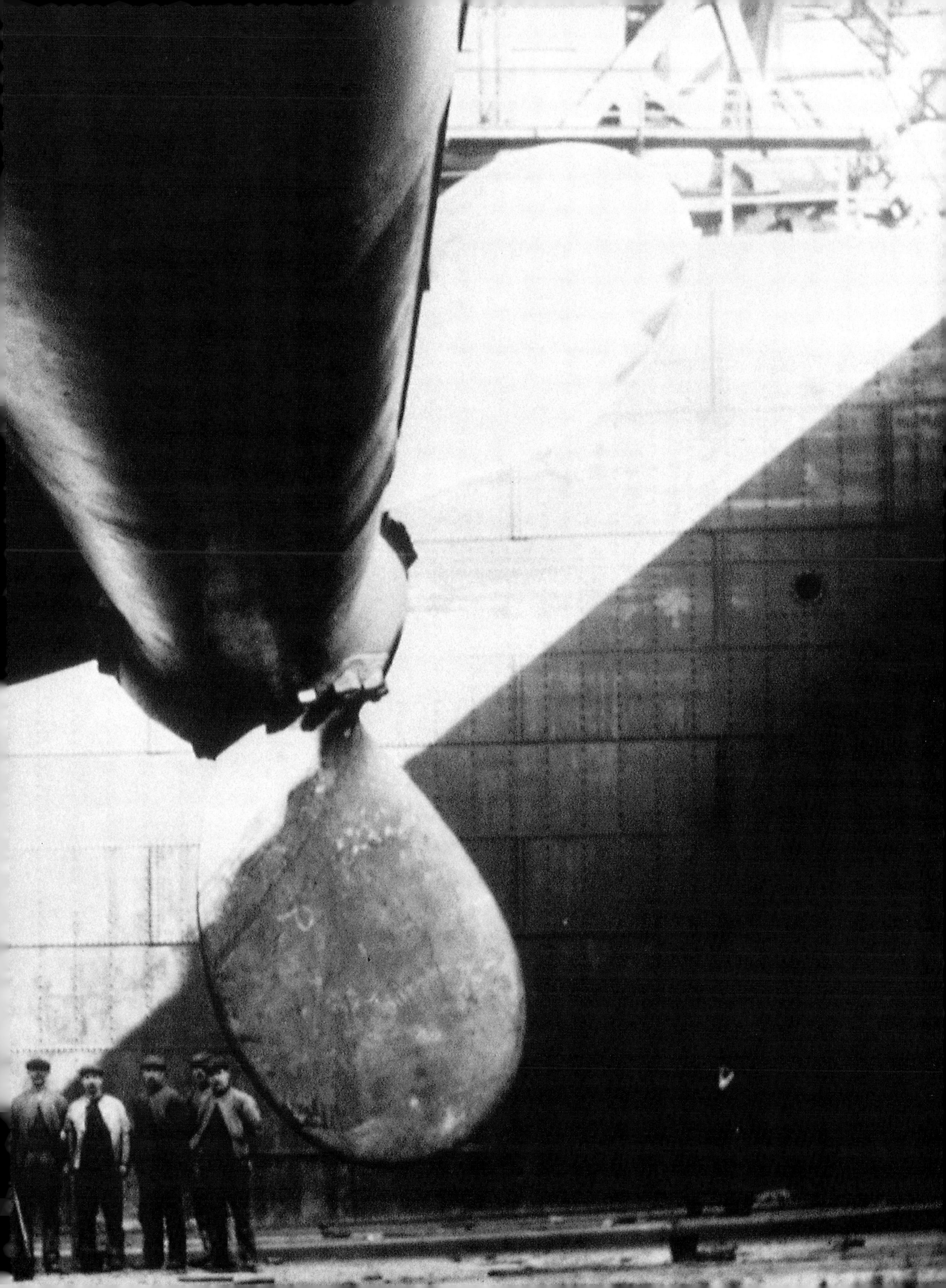

l'*Olympic.* Il est lancé le 31 mai 1911 et achevé en mars de l'année suivante. Les essais sont rapidement menés. Ils durent moins de quarante-huit heures et le 3 avril, le paquebot arrive à Southampton, une innovation. La White Star délaisse, en effet, à la différence de la Cunard, son port d'attache habituel, Liverpool, dont les installations manquent de grandes cales sèches et dont le port n'est accessible qu'à marée haute pour les bâtiments de gros tonnage.

◄ La ligne du Titanic avait été soigneusement étudiée et donnait une impression d'élégance et de puissance.

Le Titanic en achèvement à flot aux chantiers de Belfast. ▼

Construits sur les plans du jeune ingénieur Thomas Andrews, l'*Olympic* et le *Titanic* apparaissent comme d'indiscutables réussites. La coque offre, en principe, le maximum de sécurité. Un double fond, même s'il n'atteint pas la flottaison, doit permettre aux deux géants de résister à un talonnage ou à un échouage. La coque est encore divisée en seize compartiments par quinze cloisons étanches. La fermeture de ses portes s'effectue depuis la passerelle par commande électrique, ou intervient sur place manuellement ou même automatiquement par l'intermédiaire de flotteurs de sécurité en cas de rentrée d'eau intempestive. En cas d'abordage, les bâtiments peuvent continuer à flotter avec deux compartiments envahis. Huit pompes offrent une capacité d'évacuation de 400 tonnes à l'heure.

De nombreuses innovations techniques

Le système de navigation est à l'avant-garde des techniques de l'époque : compas, barre, table traçante, loch. Le *Titanic* dispose d'un appareil de détection acoustique d'obstacles immergés. La protection contre l'incendie a été particulièrement soignée avec détecteurs de fumée et de chaleur dans tous les locaux névralgiques, en relation avec un centre de sécurité capable d'intervenir à l'endroit menacé dans les délais les plus rapides.

Le *Titanic,* comme l'*Olympic,* dispose encore d'une installation TSF type Marconi de grande puissance, située sur le pont des embarcations bâbord, à la suite des chambres des officiers. Deux opérateurs permettent d'assurer une écoute permanente. L'installation comporte trois pièces, la première réservée aux appareils, la deuxième aux batteries de secours et la troisième, équipée d'une couchette, sert de cabine pour l'opérateur qui n'est pas en service.

L'installation téléphonique est encore une des plus modernes de l'époque. Le système est double. Il comporte d'abord un « central navigation ». La passerelle est ainsi reliée à la plage avant, au nid de pie, à la salle des machines et au compartiment arrière. Le mécanicien-chef peut encore entrer en liaison avec la salle des machines et avec chacune des six chaufferies situées dans des compartiments étanches. Quant au système intérieur d'une capacité de 50 lignes, il permet aux cabines de luxe d'entrer en communication avec les différents offices, le bar, le restaurant. Les offices sont encore reliées aux cuisines, à la boulangerie et à la boucherie.

Le *Titanic* est équipé de plusieurs cuisines. La plus importante est située sur le pont C et dessert les salles à manger de première et de deuxième classe. Mesurant 55 mètres sur 28, elle possède un équipement complet, fours, rôtissoires, grille-pain, machines à découper, cafetières. Elle se trouve étroitement intégrée à la boucherie, à la boulangerie, aux réserves de légumes et de charbon, ainsi qu'aux offices. Tout est mis en œuvre pour limiter les déplacements et permettre aux plats d'être servis chauds. Le restaurant à la carte et la troisième classe ont leur propre cuisine. La vaisselle comprend 10 000 pièces fabriquées spécialement par la société Goldsmith et Silversmith, ainsi que 21 000 fourchettes, cuillères, couteaux…

La climatisation a fait l'objet d'études poussées. En principe, tous les locaux bénéficient d'un chauffage à air chaud. Pour les cabines, les constructeurs ont tenu compte des habitudes différentes de chaque pays. L'expérience prouve que les Anglais ne peuvent supporter pendant la nuit la température élevée appréciée par les Américains originaires des États du sud. Aussi, les cabines sont-elles dotées de radiateurs électriques supplémentaires réglables à volonté.

La ventilation fait encore l'objet d'une innovation. Les architectes ont pratiquement renoncé aux énormes manches à air qui encombrent les ponts au profit de ventilateurs actionnés par des moteurs électriques. À l'exception des cabines intérieures, presque tous les locaux reçoivent un éclairage direct assuré par 2 000 fenêtres et hublots.

Compte tenu de l'éclairage intérieur assuré par 10 000 ampoules, des moteurs auxiliaires actionnant grues, guindeaux, cabestans, des appareils culinaires, du chauffage, du système de réfrigération et d'aération, l'énergie électrique, qui dépasse celle consommée par une ville moyenne de l'époque, est fournie par 4 dynamos d'une puissance de 400 kilowatts, situées sous le pont supérieur, largement au-dessus de la ligne de flottaison.

▲

Lord Pirrie, directeur des chantiers de Belfast et Bruce Ismay (chapeau melon), le président de la White Star, inspectant le Titanic en travaux.

▶

Coupe transversale du Titanic montrant les sept ponts principaux, le dernier abritant la piscine et le court de squash.

S. Pont du soleil
A. Pont promenade supérieur
B. Pont promenade avec verrières
C. Pont supérieur
D. Pont salon
E. Pont principal
F. Pont central
G. Pont inférieur : cargo, soutes à charbon, chaudières, moteurs
a. Bossoirs et embarcations
b. Stabilisateurs
c. Double fond

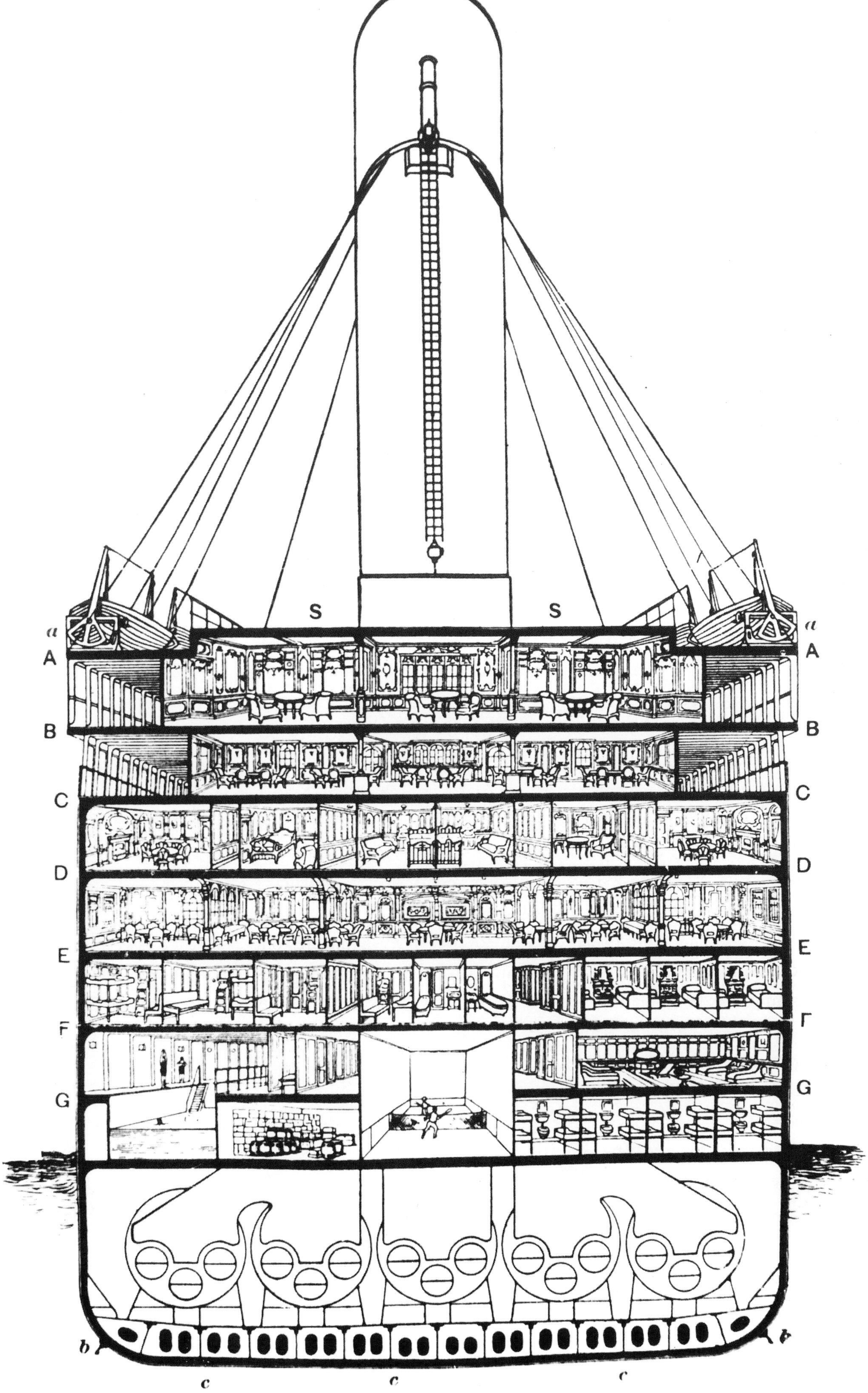
S
S
a
a
A
A
B
B
C
C
D
D
E
E
F
Γ
G
G
b
b
c
c
c

La silhouette du *Titanic* a été particulièrement soignée. Les superstructures limitées à trois étages apparaissent équilibrées et n'écrasent pas l'ensemble du navire. Contrairement à la tradition, la White Star renonce aux deux cheminées traditionnelles au profit de quatre. En fait, la dernière est postiche et sert uniquement à la ventilation.

La compagnie ne fait, en réalité, que suivre l'exemple de la Cunard, de la Norddeutscher ou même de la Compagnie générale transatlantique, même si celle-ci, pour l'heure, hésite devant le gigantisme. La White Star obéit, elle aussi, à la pression de la clientèle convaincue que le nombre de cheminées constitue une preuve de confort, de puissance et même de sécurité.

Les couleurs ont fait l'objet d'une étude particulière. Les ponts supérieurs sont peints en blanc et se détachent avec bonheur de la coque peinte en noir. Quant aux cheminées, elles sont de couleur chamois, surmontées au sommet d'une bande noire. En définitive, le *Titanic*, comme l'*Olympic*, annonce une nouvelle génération de super-liners dont la lignée s'achèvera un quart de siècle plus tard avec le *Bremen*, la *Normandie* et la *Queen Elizabeth I*.

En attendant, les deux géants de la White Star font école. La Cunard riposte par l'*Aquitania*, de dimensions et de performances comparables. C'est également sur le plan du grandiose et de la rentabilité que les Allemands préparent leur revanche. Trois nouveaux paquebots de 55 000 à 60 000 tonnes, de 270 à 280 mètres de long sont sur le point d'entrer en service, l'*Imperator*, le *Vaterland* et le *Bismarck*.

◄ Le Titanic à l'escale de Queenstown. On reconnaît le capitaine Smith sur l'aileron de manœuvre.

Au départ de Southampton, l'abordage évité de justesse avec le New York. ▼

Pour son premier voyage, le *Titanic* bénéficie d'un équipage trié sur le volet. Tous les officiers de pont bénéficient d'une solide expérience. Le second, Wilde, et le premier lieutenant Mardoch, ont déjà servi sur l'*Olympic*. Le deuxième officier, Lightaller, est depuis vingt ans à la mer. Le troisième, Pitman, sert depuis quinze ans. Les autres, Boxhall, Lowe, Moody ont, également, une solide pratique. Le mécanicien en chef est, lui aussi, un homme de forte expérience. Il est épaulé par 7 officiers mécaniciens seniors et 17 assistants.

Quant à l'équipage, il comprend 894 personnes affectées au « service de l'alimentation », stewards, serveurs, cuisiniers. Ils ont été prélevés sur différents bâtiments de la White Star et beaucoup ont servi sur l'*Olympic*. L'adaptation est donc facile. L'équipage compte aussi 425 mécaniciens et chauffeurs. Si les premiers constituent une main-d'œuvre stable et appartiennent de manière durable à un bâtiment, il n'en est pas de

même des seconds, qui s'identifient à une main-d'œuvre volante dont les contrats ne dépassent pas un voyage, voire une simple traversée.

À une époque où le mazout n'a pas encore supplanté le charbon, l'enfer des rues de chauffe n'est pas un vain mot avec des températures pouvant atteindre 50 à 60 degrés, voire davantage en été. Les hommes sont à la merci de ces célèbres coups de chaleur qui ne s'apparentent nullement à une insolation et sont mortels dans 30 % des cas. En plus du nettoyage périodique des foyers, ils doivent enfourner 4 à 5 tonnes de charbon en moyenne par jour. Les chauffeurs constituent, en fin de compte, une race à part composée d'individus frustes et brutaux. Des histoires sinistres courent sur certaines scènes qui se seraient déroulées dans les fonds. Les altercations entre chauffeurs et officiers mariniers et mécaniciens sont réglées de manière expéditive. Un coup de pelle derrière la nuque et le malheureux disparaît dans un foyer chauffé à blanc.

Double page précédente : Le Titanic vient de quitter Southampton. L'absence de fumée souligne le caractère postiche de la quatrième cheminée.

Un capitaine heureux

Quant au commandant du *Titanic*, le capitaine Smith, âgé de soixante-deux ans, il fait figure, avec son visage tanné par les embruns et sa barbe blanche, de patriarche de la mer. Vétéran de la marine à voile, il a fait toute sa carrière au service de la White Star. Dix-sept navires ont été sous ses ordres, depuis le cargo *Cedric* jusqu'à l'*Olympic*. Il passe pour le commandant le plus expérimenté de l'Atlantique nord. C'est devenu une tradition de lui confier la direction des bâtiments les plus récents lors de leur voyage inaugural.

Smith passe pour un homme heureux. Au cours de sa longue carrière, un seul accident. Le 20 septembre 1911, alors qu'il se trouvait sur la passerelle de l'*Olympic*, il n'a pu éviter dans le Solent, au large de l'île de Wight, un abordage avec le croiseur léger *Hawke*. Avec une brèche sur tribord, le paquebot a dû subir une longue réparation. La chance abandonnerait-elle Smith ? En tout cas, à la veille du départ de Southampton, le commandant semble parfaitement confiant. Ce voyage est le dernier de sa carrière et il compte prendre sa retraite dans son petit cottage de la campagne anglaise. À une passagère, l'interrogeant sur un éventuel naufrage, il répond : « Avec un navire tel que le *Titanic*, c'est un problème qui ne se pose plus. »

Une atmosphère de malaise n'en pèse pas moins sur le premier appareillage du *Titanic*. Alors qu'il vient de quitter le bassin de l'océan, le

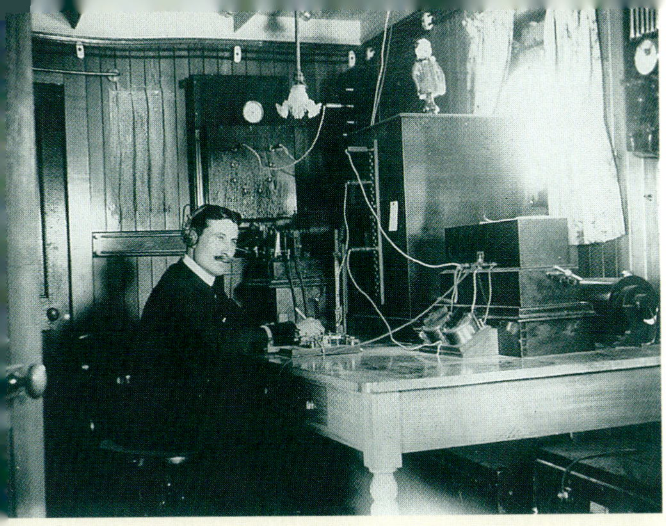

◂ Le poste de TSF du Titanic.

Le capitaine Smith en compagnie de Lord Pirrie, des chantiers de Belfast. ▾

Troisième Année. — N° 521. LE NUMÉRO QUOTIDIEN 10 Cent. — Étranger : 20 Cent. VENDREDI 19 AVRIL 1912

•EXCELSIOR•

Journal Illustré Quotidien

Directeur : Pierre LAFITTE

Abonnements (du 1er ou du 16 de chaque mois)
France : Un An : 35 fr. - 6 Mois : 18 fr. - 3 Mois : 10 fr.
Étranger : Un An : 70 fr. - 6 Mois : 36 fr. - 3 Mois : 20 fr.

« Le plus court croquis m'en dit plus long qu'un long rapport. » (Napoléon).

Informations - Littérature - Sciences - Arts - Sports - Théâtres - Élégances

88, Champs-Élysées, PARIS
TÉLÉPHONES :
5 Lignes : 557-44, 557-45, 528-64, 528-66, 528-68
Adresse Télégraphique : EXCEL-PARIS

LES PROPORTIONS ET LE VENTRE DU "TITANIC"

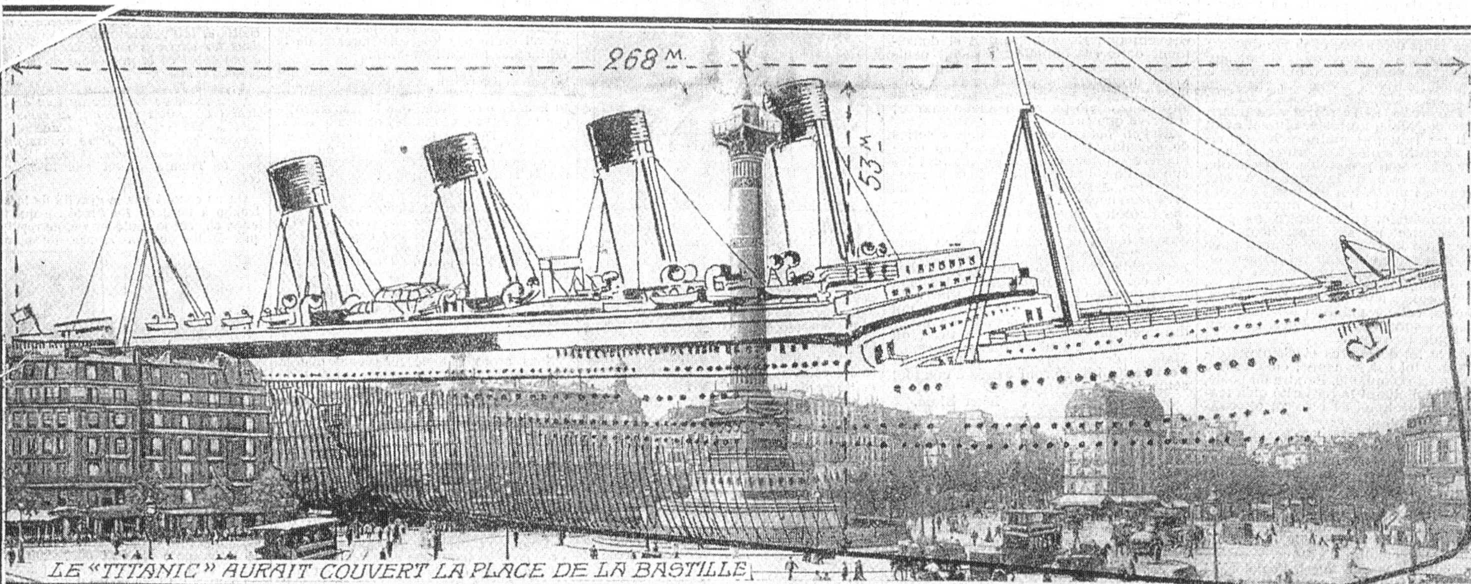

LE "TITANIC" AURAIT COUVERT LA PLACE DE LA BASTILLE

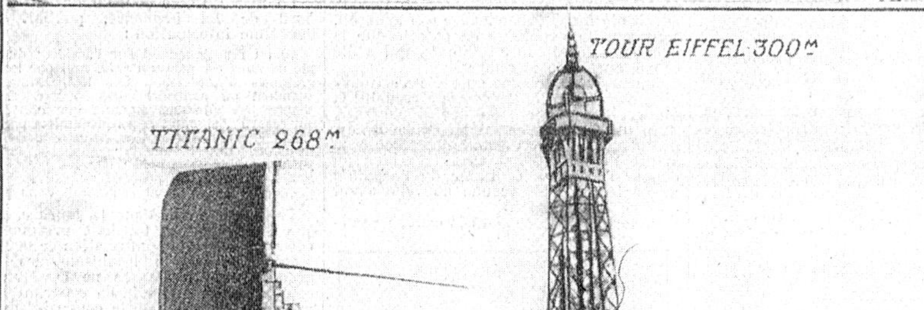

LES PROPORTIONS DU "TITANIC" DRESSÉ SUR SA POUPE

LE "TITANIC" CONSOMMAIT 22 TRAINS DE CHARBON PAR TRAVERSÉE

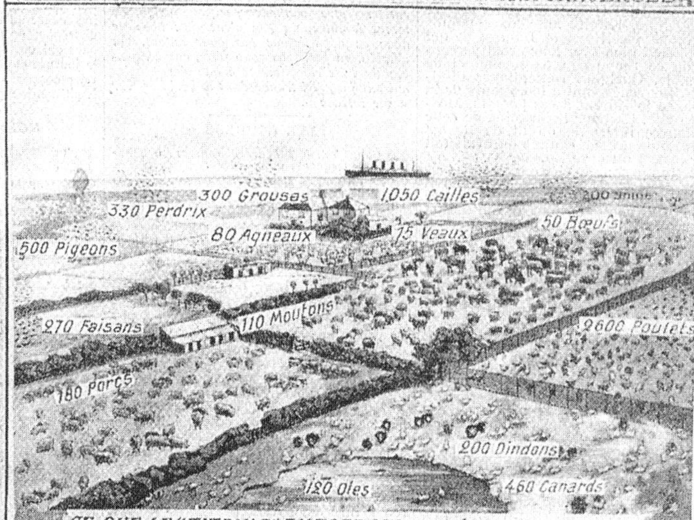

CE QUE LE "TITANIC" EMPORTAIT DE BÉTAIL & VOLAILLES

L'image, mieux que les chiffres, rendra compte des dimensions gigantesques du *Titanic*. Ses 268 mètres auraient occupé horizontalement la place de la Bastille dans sa plus grande largeur et, verticalement, ils se seraient élevés presque jusqu'au sommet de la Tour Eiffel, dépassant de loin quelques-uns des plus fameux et des plus imposants monuments du monde. On juge de l'aspect d'une telle masse en train de voguer. Et pourtant cette masse devait se briser contre des glaces errantes. Tout, d'ailleurs, dans de pareils monstres marins, atteint des proportions fantastiques. C'est ainsi que vingt-deux trains de charbon, de trente wagons chacun, étaient nécessaires à alimenter le colosse pour une seule traversée, tandis qu'il fallait de véritables parcs à bétail et à volaille pour nourrir ses passagers.

◄

Le Titanic en chiffres.

La dernière photo du Titanic, au large de Queenstown.

▼

paquebot défile devant un vétéran de l'Atlantique, le *New York*, à couple avec l'*Oceanic*. Le déplacement de la masse du *Titanic*, les battements de ses hélices provoquent un effet de succion. Le *New York* est littéralement aspiré en direction du géant des mers. Il rompt ses amarres qui s'abattent en sifflant sur une foule de curieux qui reflue précipitamment. Au moment où un abordage semble inévitable, le capitaine Smith donne l'ordre d'arrêter les machines. L'effet d'aspiration s'apaise et le choc est évité. Quelques centaines de mètres plus loin, un incident du même genre se reproduit, alors que le *Titanic* passe devant le *Teutonic*. Cette fois, les amarres résistent et l'incident est évité, encore que les assistants, sur le quai, aient été pris de panique. Même si l'affaire se termine bien, les vieux marins n'en hochent pas moins la tête. Il y a là un mauvais présage, d'autant plus que par un fait étrange et contraire à une tradition bien établie, les navires présents n'ont pas fait entendre leur sirène pour saluer le départ du géant des mers pour son premier voyage.

CARACTÉRISTIQUES DU TITANIC

Longueur hors tout : 269 mètres • Largeur : 28,5 mètres

HAUTEUR PAR RAPPORT À LA LIGNE DE FLOTTAISON • Du sommet de l'étrave : 19 m • De la passerelle de navigation : 22 m Du pont des embarcations : 24 m • Des quatre cheminées : 42 m • Du nid de pie : 30 m • Des deux mâts : 64 m Longueur d'antenne entre les mâts : 183 m • Tirant d'eau à pleine charge : 10,5 m

QUATRE CHEMINÉES ROUGES AVEC MANCHETTE NOIRE • Hauteur visible au-dessus du pont des embarcations : 22 m • Hauteur par rapport au plancher des chaufferies : 46 m • Diamètre : 7,6 m

PRODUCTION DE LA VAPEUR • 6 compartiments de chaufferie • 13 000 mètres cubes de charbon • 12 soutes à charbon 29 chaudières • 159 foyers

PROPULSION • 3 hélices à 4 pales • Diamètre : 7 m • Poids total des 3 hélices : 98 tonnes • 2 machines alternatives à vapeur : 30 000 CV • 1 turbine basse pression : 16 000 CV • Vitesse de croisière : 21,5 à 22 nœuds • Vitesse maximale : 24 nœuds Déplacement : 52 250 tonnes • Équipage : 900 personnes • Passagers de 1re classe : 905 • Passagers de 2e classe : 564 Passagers de 3e classe 1 134

COQUE • En plaques d'acier rivetées • Double coque • Partie visible : noire • Partie immergée : rouge • Manchette supérieure : blanche et liseré jaune

AUTRES CARACTÉRISTIQUES • 4 ascenseurs • Central téléphonique de 50 lignes

Chapitre 2

Un palace flottant

Après l'incident du *New York,* le *Titanic* descend le chenal, double l'île de Wight par le Solent et pénètre dans la Manche. Fait a priori surprenant, le géant des mers est à moitié vide. Après les derniers embarquements de Cherbourg et de Queenstown, on ne compte que 1 313 passagers pour une capacité de 2 435, indépendamment de 885 membres d'équipage. Il y a là un phénomène courant. Beaucoup de voyageurs hésitent à s'embarquer pour une croisière inaugurale, à la merci d'un personnel de service encore novice et des incidents techniques inhérents à un bâtiment en rodage.

Suivant une bonne tradition, une journée entière est nécessaire pour que les passagers se familiarisent avec le navire. Ceux de première classe ne dissimulent pas leur satisfaction. On y retrouve la cohorte habituelle des happy few, membres de vieilles familles aristocratiques ou représentants éminents de la finance et de l'industrie.

Des passagers de marque

Parmi les passagers privilégiés, on note le major Butt, l'aide de camp du Président des États-Unis William H. Taft, ou encore William Stead, le propriétaire de la revue *Pall Mall Gazette.* Évangéliste, pacifiste notoire, le célèbre publiciste se rend à une conférence pour la paix qui doit se tenir à New York. Les initiés reconnaissent le colonel John Astor, un des hommes les plus riches du monde. Il « vaut » 30 millions de livres. Âgé de quarante-sept ans, Astor est un homme complexe. Auteur d'un roman, bibliophile, excellent yachtman, il affiche une immense curiosité dans les domaines les plus variés de la technique.

John Astor est surtout célèbre pour ses avatars matrimoniaux. Divorcé en 1909, il s'est remarié deux ans plus tard avec une charmante jeune fille de dix-huit ans, à la plus grande indignation de la haute société bien pensante. Pour échapper au harcèlement des journalistes, ancêtres des paparazzi, Astor et sa femme ont alors pris la décision d'effectuer un voyage en Égypte et un séjour à Paris qui vient de s'achever.

▲ Jacob Astor, l'une des plus grosses fortunes de l'époque.

▶ Le capitaine Smith et son état-major.

Double page suivante : Une cabine de 1re classe, de style hollandais.

CAPTAIN. E.J. SMITH.
1ST OFFICER W.M. MURDOCK. PURSER McILROY.

Parmi les grandes vedettes, on note encore le « roi du cuivre », Benjamin Guggenheim, évalué à 20 millions de dollars, Isidor Strauss (10 millions), propriétaire de grands magasins à New York et qui effectue la traversée en compagnie de sa femme. Au même niveau, se situe George Widener, le « roi des tramways », amateur de livres rares. Après sa disparition, sa mère fera don de ses livres à la bibliothèque de l'université Harvard qui porte aujourd'hui son nom.

Parmi les autres personnages de marque figurent les « rois des chemins de fer », Charles H. Hays, président de la compagnie canadienne du grand Trunk Railroad et John Thayer, un des dirigeants de la Pennsylvania Railroad. On ne peut négliger non plus le président de la White Star, un spécialiste des traversées inaugurales. En dépit de la prise de contrôle par le trust de l'océan, Bruce Ismay conserve une autorité réelle sur la marche de la White Star.

Sorti des meilleures public schools britanniques, Bruce Ismay, de haute taille, élégant, a tendance à se perdre dans les détails. D'allure austère, taciturne, il est de caractère fragile, sujet à des crises de dépression. Certains veulent voir dans ce comportement les excès d'une éducation trop victorienne, refoulant à l'excès un profond besoin d'affection. Le naufrage révélera la faiblesse interne du personnage.

Une autre personnalité s'impose à bord du *Titanic*, Thomas Andrews, le directeur technique des chantiers de Belfast. Du matin au soir, un carnet à la main, l'ingénieur note infatigablement et minutieusement toutes les imperfections et modifications éventuelles. Une vingtaine d'ouvriers marchent dans son sillage pour réparer une installation électrique, assurer la fermeture d'une porte, réparer le robinet d'une salle de bains. Tous les soirs, retiré dans la suite qui lui a été attribuée, Andrews travaille jusqu'à une heure avancée de la nuit, perdu dans ses calculs, au milieu d'une montagne de cartes et de plans.

À peine embarqués, les happy few prennent possession de leurs cabines où ont été déposés leurs bagages.

Conformément à ce qui tend à devenir une tradition sur les grands paquebots, les passagers de première classe occupent la partie centrale du navire. C'est là que les mouvements du navire, roulis et tangage, se font sentir avec le moins d'intensité et sont en quelque sorte atténués. Ils ont le choix entre les classiques cabines extérieures avec vue directe sur la mer et les cabines intérieures donnant sur des coursives. Ces cabines sont la réplique des chambres des grands hôtels.

Une chose peut surprendre cependant. Beaucoup de cabines de première classe ne comportent qu'un lavabo. Des toilettes et des salles de bains collectives sont installées dans les coursives les plus proches. Il y a là une anomalie apparente liée aux exigences d'hygiène relative des privilégiés de l'époque. Il n'y a pas si longtemps encore, l'existence d'une baignoire dans un appartement semblait constituer le privilège des demi-mondaines ou d'hommes efféminés et de réputation douteuse. Cette disposition ne disparaîtra que sur les grands paquebots de l'entre-deux-guerres. À la faveur d'une refonte en 1928, l'*Olympic* bénéficiera de sanitaires complets dans toutes les cabines, au prix de la disparition d'un nombre important de celles-ci.

▲

Une suite, véritable appartement privé, avec personnel attitré.

Des installations de luxe

Quelques privilégiés occupent des installations de luxe, dignes des plus grands palaces. Installés sur le pont promenade, ces appartements privés comportent salon, salle à manger, chambre, salle de bains, toilettes. Ces suites bénéficient d'un personnel de service attitré ou sont associés à une ou deux cabines permettant à leurs hôtes de jouir pendant la traversée du service de leur femme de chambre ou de leur valet personnels. Ces suites atteignent des prix fabuleux de l'ordre de 4 500 dollars, soit 22 500 francs, le traitement annuel d'un conseiller d'État, alors qu'il n'en coûte que 125 dollars pour une cabine intérieure de première, 65 pour une cabine de deuxième et 40 pour une couchette de troisième classe.

Ce sont naturellement les accommodations, les installations générales qui suscitent l'admiration des passagers de première classe. Ces installations sont à la mesure du caractère grandiose du *Titanic*, sans tomber dans l'excès ou la démesure. Elles obéissent à la structure des nouveaux paquebots. Depuis la disparition de la voilure, les architectes ont pu élever de magnifiques superstructures qui modifient toutes les données du confort. Appartiennent ainsi à un passé révolu, ces salons ou ces salles à manger étriqués, enfouis entre deux rangées de cabines et parcimonieusement aérés et éclairés par de simples écoutilles dotées de verres lenticulaires. La promenade ne s'effectue plus sur des gaillards n'offrant pas le moindre abri, mais sur les « ponts du soleil », à vingt mètres au-dessus de la flottaison, à l'abri des lames et des embruns.

Pour commencer, les nouveaux venus ne cachent pas leur admiration pour la grande descente, l'escalier à double volée qui depuis le pont pro-

▸

Publicité de savon de toilette pour les passagers du Titanic.

Double page suivante :

La grande descente des 1res classes, avec sa rampe de fer forgé et ses panneaux de bois sculptés.

Double page précédente :

Trois ascenseurs desservaient les ponts des 1res classes.

◄

Le café parisien, une des innovations du Titanic, connut un très grand succès dès le départ.

◄

La grande salle à manger pouvait accueillir plus de 500 convives.

menade conduit au pont C. Descente associée à trois ascenseurs fort appréciés des personnes âgées ou des hôtes des ponts inférieurs. Cette descente trouve sa réplique à l'arrière entre les deux dernières cheminées. Sur le pont A, se succèdent le grand salon et la bibliothèque prolongée par un cabinet de lecture et de correspondance prévu également comme « boudoir » pour les femmes. Plus à l'arrière encore, les passagers accèdent à un fumoir qui débouche sur le bar encadré de deux vérandas ou jardins d'hiver permettant, par des portes-fenêtres, d'accéder à la plage arrière et de contempler la mer.

Sur le pont C, l'attraction majeure concerne la grande salle à manger de 100 m² susceptible d'accueillir 550 convives. Présidés par le commandant, les repas offrent le soir dans l'éclat des lumières et des toilettes un aspect féerique. Il est, en effet, indispensable de « s'habiller » pour ces dîners qui constituent l'événement de la journée. Par rapport à son sister-ship, l'*Olympic*, qui a servi en quelque sorte de banc d'essai, le *Titanic* apporte quelques innovations. La plus appréciée concerne le « café parisien » installé sur une partie du pont promenade.

Comme tous les géants des mers de l'époque, le *Titanic* dispose d'une galerie marchande, d'un salon de coiffure, d'un cabinet médical et d'installations sportives, notamment d'une salle de gymnastique située sur le pont des embarcations. Sous la direction du moniteur W. McCawley et moyennant la somme modique de deux shillings par demi-heure, il est possible de parfaire sa musculation, de goûter les joies de l'aviron à vingt mètres au-dessus de la mer ou de faire de l'équitation juché sur des petits chevaux mécaniques actionnés par des moteurs électriques. S'y ajoutent des bains turcs de style naturellement mauresque qui ne dépareraient pas un hammam de Constantinople. On ne peut encore oublier un orchestre réservé spécialement aux passagers de première classe. Les concerts doivent avoir lieu dans le grand salon.

Les passagers de deuxième classe ne sont pas sacrifiés, bien au contraire. La plupart des cabines se trouvent à l'arrière, à l'aplomb des deux dernières cheminées. Elles sont desservies par un escalier et un ascenseur. Elles n'ont plus qu'un lointain rapport avec celles que l'on trouvait encore au milieu du siècle précédent. Dickens, lors de son voyage aux États-Unis, en avait fait la fâcheuse expérience à bord du *Britannic* considéré pourtant comme une des grandes réussites de l'époque. « Cette cabine ? Un antre impraticable, à peine imaginable, une boîte inconfortable d'apparence repoussante... J'étais assis dans une sorte de box à chevaux fait pour recevoir deux passagers. »

Si les voyageurs de deuxième classe ne bénéficient pas d'installations sportives, les accommodations sont franchement confortables. La grande salle à manger de vingt mètres de long occupe toute la largeur du navire. S'ajoutent un vaste salon, une bibliothèque, un fumoir et un pont promenade.

Deux mots caractérisent la décoration des deux nouveaux géants de la White Star : l'équilibre et la mesure. Les architectes ont su éviter le piège de l'ostentation caractéristique de trop nombreux paquebots allemands, marquée par une débauche d'ornementation d'un effet plutôt douteux. La décoration est cependant conforme au goût de l'époque. Le modern style ne trouve pas sa place sur les géants des mers et le classicisme règne en maître.

Un heureux mariage de styles

À bord du *Titanic,* on trouve un échantillonnage presque complet de tous les styles européens des XVIIe et XVIIIe siècles. Les grandes descentes sont inspirées de l'époque de Guillaume III et de Marie II d'Angleterre. Un ensemble domine le premier palier : les statues de l'honneur et de la gloire entourant une pendule, symbole du temps. La grande salle à manger est de style jacobite avec des pastiches de certaines grandes demeures comme Hatfield ou Haddon Hall.

En revanche, le style Louis XVI domine au restaurant – tapis, fauteuils, tapisseries constituent une évocation réussie du « vieux rose Du Barry ». Certains éléments du grand salon de style Louis XIV constituent des répliques de Versailles. Une vaste toile de Wilkinson, l'*Arrivée au Nouveau Monde*, domine la grande cheminée du fumoir inspiré du premier géorgien (première moitié du XVIIIe siècle). La décoration des installations des deuxièmes classes est tout aussi éclectique. Style jacobite pour la salle à manger, colonial pour la bibliothèque, Louis XVI pour le fumoir.

Quant aux installations de troisième classe, elles constituent, elles aussi, une heureuse surprise. L'entrepont obscur et nauséabond où s'entassaient, il y a un demi-siècle encore, des centaines de malheureux émigrants avec les provisions n'est plus qu'un mauvais souvenir. Décidée à attirer une clientèle qui assure la fortune des compagnies allemandes, la White Star a aussi renoncé à ces dortoirs de quarante à cinquante personnes que l'on trouve encore sur tous les paquebots de l'époque. Il n'en

La piscine, comme le gymnase, constituaient de grandes innovations. On voit le moniteur, Mc Cawley, en train d'effectuer une démonstration d'aviron.

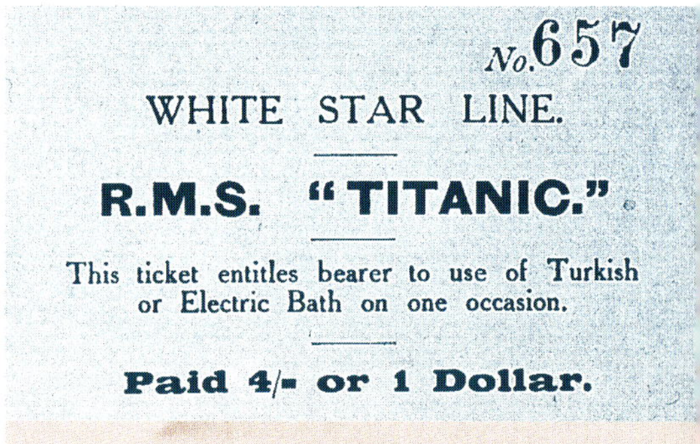
No. 657
WHITE STAR LINE.
R.M.S. "TITANIC."
This ticket entitles bearer to use of Turkish or Electric Bath on one occasion.
Paid 4/- or 1 Dollar.

subsiste plus que quelques-uns limités à huit ou dix couchettes et installés à l'extrême avant.

La plupart des passagers disposent maintenant de cabines de deux à quatre couchettes situées à l'avant ou à l'arrière depuis le pont E jusqu'au pont G. Hommes et femmes célibataires se trouvent ainsi séparés par toute la longueur du bâtiment ! Les repas se prennent dans une vaste salle à manger avec personnel attitré. Une salle de réunion est disponible à l'arrière. Les hommes disposent d'un fumoir. Les troisièmes bénéficient encore d'un pont promenade sur la plage arrière et d'un espace couvert sur le pont D, doté de chaises, de tables et utilisable par tous les temps.

Une croisière de rêve

Depuis le départ de Southampton, les premières journées de la traversée font figure d'enchantement. La satisfaction est générale. Fait exceptionnel et à la grande joie des estomacs sensibles, le *Titanic* bénéficie d'un temps merveilleux. La mer est d'huile ; pas une ride, pas la moindre brise. Le ciel est limpide. En quatre jours, on ne comptera pas dix minutes de brume... Tous les matins, le soleil apparaît comme un disque rouge, avant d'effectuer un parcours d'une étonnante régularité. L'astre pâlit, devient argenté avant de jaunir en fin de journée, de passer par toutes les nuances du pourpre et de se coucher en direction de New York. La température est encore clémente et favorise les promenades quotidiennes sur les ponts extérieurs.

Sur le plan technique, l'ingénieur Andrews est satisfait. Ce bâtiment marche à merveille, avec une régularité d'horloge. Les défauts se limitent à un équilibrage défectueux, comme l'ont d'ailleurs constaté certains passagers de première classe. Le navire penche sur bâbord. Ceux qui sont installés au centre de la salle à manger ont remarqué qu'on aperçoit le ciel par les baies de droite et la mer par celles de gauche. Un déséquilibre qu'une meilleure répartition du charbon permettra de corriger.

Indépendamment du réglage défectueux du chauffage de certaines cabines, le salon de correspondance pourra être réduit. Les femmes seules cherchent de moins en moins à s'isoler. Elles ne fuient plus la compagnie des hommes qui viennent les rejoindre au salon, au café parisien, voire même au fumoir. Est particulièrement appréciée des

Les ponts-promenade offraient d'agréables aires de détente pour les passagers (à gauche, le pont-promenade des 2es classes).

« récidivistes » de l'Atlantique nord l'absence totale de vibrations. Il est vrai que le bâtiment est en rodage et que le commandant ne pousse que progressivement les machines, 60, 68, 72, 76 tours. Cette absence de vibrations n'en apparaît pas moins étonnante pour ceux qui ont voyagé à bord du *Mauritania* où le changement des hélices n'a pas permis de faire complètement disparaître les vibrations extrêmement désagréables à grande vitesse. Le même phénomène se retrouvera sur *Normandie.*

La journée du dimanche 14 avril obéit au rite des journées précédentes. Le temps est toujours splendide. Seule ombre au tableau, une baisse sensible de la température liée à l'approche du courant du Labrador. Aussi les ponts promenades sont-ils presque déserts. En revanche, les salons, les fumoirs, les bibliothèques sont bondés. Ce soir, le dîner des premières classes constitue une réussite exceptionnelle. Jamais la chère n'a été meilleure, l'atmosphère plus gaie, plus détendue, les femmes plus jolies, les hommes plus élégants. Le menu laisse rêver :

Hors-d'œuvre variés et huîtres – Consommé Olga et crème d'orge – Saumon à la sauce mousseline et concombres – Filet mignon Lili – Sauté de poulet à la lyonnaise – Légumes à la moelle farcie – Agneau sauce menthe – Caneton rôti aux pommes – Selle de bœuf garnie pommes de terre – Crème de pois et de carottes – Riz créole et pommes parmentier – Punch à la romaine – Pigeonneau rôti au cresson – Asperges vinaigrette – Pâté de foie gras avec céleris – Pudding – Pêches en gelée – Éclairs au chocolat et vanille – Glaces à la française.

Les convives se retrouvent ensuite dans les salons, les fumoirs ou au café parisien. Dans le grand salon, le révérend Carter, toujours accompagné de sa femme, célèbre l'office dominical. On chante des psaumes. À l'issue de la cérémonie, le révérend demande aux assistants de se recueillir un instant et de penser à tous ceux qui sont « au péril de la mer ». Les passagers commencent ensuite à se disperser. On se couche relativement tôt à bord des paquebots de la belle époque. Les lumières du salon s'éteignent à vingt-trois heures, celles du fumoir à minuit. Une constatation cependant, quelque peu inattendue : pour la première fois depuis le départ, les vibrations de l'énorme bâtiment sont perceptibles. Jamais, semble-t-il, le *Titanic* n'a marché aussi vite.

▲
Au départ de Queenstown, la dernière photo du capitaine Smith sur le pont-promenade couvert.

PROVISIONS EMBARQUÉES À SOUTHAMPTON

Viande fraîche : 166 tonnes • **Volaille** : 55 tonnes • **Poissons frais** : 24 tonnes • **Poisson séché ou salé** : 9 tonnes • **Bacon et jambon** : 13 tonnes • **Saucisses** : 5,5 tonnes • **Œufs Frais** : 35 000 • **Lait frais** : 7 000 litres • **Crème fraîche** : 1 000 litres • **Lait condensé** : 2 200 litres • **Beurre frais** : 13 tonnes • **Farine** : 37 tonnes • **Sucre** : 5 tonnes • **Céréales** : 450 tonnes • **Pomme de terre** : 40 tonnes • **Oignons** : 35 000 têtes • **Laitues** : 7 000 têtes • **Asperges** : 800 bottes • **Petits pois** : 5,5 tonnes • **Tomates** : 7,7 tonnes • **Pommes** : 3 180 caisses • **Oranges** : 180 caisses • **Pamplemousses** : 80 caisses • **Citrons** : 50 caisses • **Raisins secs** : 450 kg • **Confiture** : 500 kg • **Café** : 1 000 kg • **Thé** : 450 kg • **Pain de mie** : 1 000 kg • **Ice cream** : 1 500 litres • **Bière** : 15 000 bouteilles • **Vin** : 1 000 bouteilles • **Alcools** : 850 bouteilles • **Eau minérale** : 1 200 bouteilles • **Cigares** : 8 000.

Chapitre 3

L'impensable

Au moment où la soirée s'achève, le *Titanic* entreprend la dernière étape de son voyage. À 17 h 30, arrivé au Turning Point, il effectue une abattée vers l'ouest pour se trouver sur le parallèle de New York. La vitesse est alors de 21,5 nœuds. Le premier officier Murdoch est de quart. La passerelle est plongée dans l'obscurité. Deux veilleurs se trouvent dans la hune, reliés à la passerelle par téléphone. Plusieurs messages reçus dans la journée indiquent la présence de glaces entre le 40e et le 42e parallèle, au nord-est et au sud de la route suivie par le *Titanic*. Situation normale sur cette partie de l'itinéraire. À l'exception d'une baisse sensible de la température, les conditions météorologiques restent excellentes, pas de brume. Toutefois, la nuit est noire, sans clair de lune. Pas de brise, pas davantage de houle. Les icebergs ne seront pas signalés à distance par une frange d'écume. Les deux officiers comptent cependant les apercevoir à 2 000 yards environ (1 800 mètres).

Soudain, à 23 h 40, les veilleurs tressaillent. Trois coups de cloche, téléphone : « Iceberg droit devant. » « Merci », répond Murdoch, qui commande aussitôt : « La barre à gauche toute. » Simultanément, il actionne le transmetteur d'ordres : « Stoppez les machines, en arrière toute. » Pendant des secondes interminables, rien ne se produit. Le *Titanic* ne réagit pas. L'iceberg grandit, devient énorme. Le choc semble inévitable. Lentement, très lentement, l'étrave finit par se déplacer vers la gauche, suffisamment pour que l'obstacle soit évité, du moins en partie.

L'avant du *Titanic* heurte ou plutôt racle l'iceberg, qui défile tout le long de la coque en faisant pleuvoir sur le pont des embarcations une grêle de petits blocs de glace. Le choc a été à peine perceptible. Tout au plus une légère vibration, accompagnée d'un grincement. Murdoch ne s'en précipite pas moins sur le levier qui commande la fermeture des portes.

Le capitaine Smith arrive immédiatement sur la passerelle. « Nous avons heurté un iceberg, commandant. » Le bateau est alors arrêté et pivote lentement sur lui-même. L'heure est au soulagement, teinté cependant d'une légère angoisse. L'indicateur d'assiette affiche, en effet, une gîte de 5 degrés sur tribord…

D'inquétants dégâts

Chargé d'une première inspection dans les fonds, le quatrième lieutenant revient, rassurant. Tout paraît en ordre. En revanche, le charpentier surgit sur la passerelle, hors d'haleine. Il annonce d'inquiétants dégâts. L'eau pénètre avec violence dans les deux premiers compartiments. Elle envahit la salle de tri où les postiers s'efforcent d'évacuer deux cents sacs de courrier. Une trombe d'eau pénètre dans la chaufferie n° 6. Un homme est enfoui sous une avalanche de charbon. Des infiltrations se produisent dans les postes de mécaniciens et des cabines de troisième classe dont les occupants s'efforcent, avec leurs affaires, de gagner la salle à manger ou le salon situé à l'arrière.

Smith appelle aussitôt Andrews sur la passerelle. Perdu dans ses calculs, l'ingénieur n'a rien remarqué. Après une brève inspection dans les fonds, il ne peut dissimuler sa surprise. Il est aussitôt sans illusion. Le *Titanic* peut survivre avec deux compartiments envahis, trois peut-être, mais nullement avec cinq ou six, d'autant plus que les cloisons étanches ne dépassent pas le pont E ou le pont D. Avec l'invasion progressive des premiers compartiments, l'avant va s'enfoncer inexorablement. Passant par-dessus les cloisons, l'eau inondera le cinquième puis le quatrième compartiment des chaufferies et ainsi de suite. Les pompes ne feront que retarder l'échéance. Le bateau n'en a plus que pour une heure, une heure et demie au maximum. Smith se mure alors dans un abîme de réflexions.

Si une effervescence croissante se manifeste dans les fonds où les mécaniciens, les chauffeurs sont chassés par l'irruption de l'eau, en revanche, au niveau des premières et deuxièmes classes, tout semble absolument normal. Les lumières brillent comme à l'habitude. Si certains passagers ont été réveillés, c'est plus par l'arrêt des machines, le silence absolu que par le choc limité à une vibration, à un grincement prolongé. Certains se hasardent sur les ponts quasiment déserts.

Le froid est vif, le ciel d'un noir d'encre, piqueté de milliers d'étoiles. Quant à la mer, elle est d'une immobilité absolue, comme une immense plaque de marbre noir. Une nuit exceptionnelle qui surprend les vieux navigateurs, une nuit qui sera celle du *Titanic*. Au fumoir, dans les vérandas, les passionnés de bridge poursuivent leur partie. Certains ont vu défiler l'iceberg, assisté à la chute des glaçons. L'humour ne perd pas ses droits. Des plaisanteries fusent. « L'arrêt risque de se prolonger, le

Pages 42 et 43 :
14 avril, 23 h 40. Le Titanic heurte un iceberg. Le choc a été beaucoup moins brutal que ne le représente ce dessin à sensation du Petit Journal.

Double page précédente :
Un iceberg venu du Groënland. La partie émergée ne représente que le dixième de l'ensemble.

▸

Le désastre vu par L'Excelsior.

TROISIÈME ANNÉE. — N° 519. LE NUMÉRO QUOTIDIEN 10 CENT. — ÉTRANGER : 20 CENT. ★ MERCREDI 17 AVRIL 1912

EXCELSIOR

Journal Illustré Quotidien

Directeur : Pierre LAFITTE
ABONNEMENTS (du 1er ou du 16 de chaque mois)
France : Un An : 35 fr. - 6 Mois : 18 fr. - 3 Mois : 10 fr.
Étranger : Un An : 70 fr. - 6 Mois : 36 fr. - 3 Mois : 20 fr.

« Le plus court croquis m'en dit plus long qu'un long rapport. » (NAPOLÉON).

Informations - Littérature - Sciences - Arts - Sports - Théâtres - Élégances

88, Champs-Élysées, PARIS
TÉLÉPHONES :
5 Lignes : 557-44, 557-45, 528-64, 528-66, 528-68
Adresse Télégraphique : EXCEL-PARIS

LA CATASTROPHE DU " TITANIC "

CHAMP DE GLACE RENCONTRÉ EN MARS PAR UN PAQUEBOT PRÈS DU LIEU DE LA CATASTROPHE

LE POSTE DE T.S.F DU TITANIC

M. G.G. PHILLIPS LE TÉLÉGRAPHISTE DU TITANIC

POSTE DE T.S.F DE LA CÔTE DE TERRE NEUVE

CARTE INDIQUANT LE LIEU DE LA CATASTROPHE ET LA POSITION DES BATIMENTS PRÉVENUS PAR T.S.F

LA BANQUISE FAIT PERIR 1,465 PERSONNES, LA T. S. F. EN SAUVE 715

Dans la matinée d'hier se confirmait l'effroyable nouvelle que signalaient nos dépêches de la deuxième édition : l'accident du *Titanic* devenait une catastrophe sans précédent. Dans le choc de l'immense paquebot avec la banquise irrésistible, environ 1,500 passagers ont trouvé la mort; plus de 700 ont été sauvés par la T. S. F., qui permit au navire *Carpathia* d'arriver sur les lieux du désastre assez à temps pour secourir ceux qu'avaient pu contenir les chaloupes. La conduite de l'opérateur du sans fil à bord du *Titanic*, M. Phillips, a été admirable. C'est grâce à lui que la catastrophe ne fut pas absolument générale. Rien ne saurait d'ailleurs donner une idée plus émouvante de ce qu'accomplit cet homme sur le paquebot béant que cette simple dépêche de son collègue à la station Marconi de Cape-Race : « Il (M. Phillips) paraissait absolument de sang-froid; ses signaux ont constamment été très nets, et il a agi du mieux possible. »

No	Words.	Origin. Station.	Time handed in	Via	Remarks.
CQ / 1	"	Titanic	11·50 M April 14–15		Distress Call Sigs Loud

CQD - SOS from MGY
We have struck iceberg sinking
fast come to our assistance
Position Lat 41·46 N. Lon 50 14 W.
MGY

L. L. Cannon
J B Ward

Le premier SOS de l'histoire lancé par MGY, l'indicatif du Titanic.

commandant est maniaque. Il veut faire repeindre la coque éraflée par l'iceberg – il ne veut pas manquer son arrivée à New York ! »

Sur la passerelle, Smith prend des décisions. D'abord couvrir les feux, chasser la vapeur pour éviter une explosion des chaudières, tout en maintenant suffisamment de pression pour fournir l'énergie aux pompes, à l'éclairage, au poste de TSF. Trois officiers sont chargés de préparer les embarcations. Quant aux commissaires, ils doivent convoquer les stewards pour que ceux-ci avertissent les passagers de gagner le pont supérieur avec leurs gilets de sauvetage.

Le commandant se rend ensuite lui-même au poste de TSF et demande aux deux opérateurs Phillips et Bride d'expédier les signaux de détresse : « MGY (indicatif du *Titanic*), CQD CQD (Come quickly danger). Venez immédiatement. Avons touché un iceberg. Position 41.44 N. 50.24 O. » Dans les coursives, les stewards alertent les passagers. Ils procèdent avec plus de délicatesse pour les premières classes que pour les deuxièmes ou les troisièmes.

En route pour la Méditerranée, le paquebot Carpathia, de la Cunard, devait se diriger immédiatement sur le lieu du naufrage, avant de faire route sur New York avec les survivants.

Le Titanic ne peut pas couler

Les passagers arrivent sur les ponts, au milieu d'un vacarme effrayant. La vapeur fuse avec une violence infernale par les conduits des cheminées. Le spectacle ne manque pas de piquant. Si certains sont chaudement emmitouflés, d'autres se sont contentés d'enfiler un manteau sur une chemise de nuit ou un pyjama. Quelques passagers sont encore en tenue de soirée. Personne n'envisage une tragédie. Tout le monde a le sentiment de vivre une aventure, d'obéir à une lubie ou plutôt à un souci de prudence excessif du commandant. Le *Titanic* ne peut pas couler.

On s'interroge finalement sur l'utilité de cette promenade en mer, qui risque de se traduire par une fluxion de poitrine. Certains annoncent leur intention bien arrêtée de ne pas tenter l'aventure et se retirent dans le fumoir, le salon, le jardin d'hiver ou le café parisien. Le gymnase connaît une animation inhabituelle. Les officiers eux-mêmes restent confiants. Lightoller, Boxhall, Lowe, Pitman reconnaîtront, après avoir survécu au naufrage, qu'ils s'étaient refusés pendant une heure et demie à croire à la disparition du bâtiment. L'ingénieur principal lui-même estime contrôler la situation grâce à l'action des pompes. Le *Titanic* doit pouvoir survivre.

De toute manière, au cas où le pire arriverait, un secours est là, presque à portée de la main. À bâbord avant, à 3 ou 4 milles, on aperçoit distinctement les feux d'un navire. Avec deux feux blancs superposés, il s'agit de toute évidence d'un vapeur et nullement d'un voilier. Boxhall tente d'entrer en contact en morse au moyen d'un projecteur. Sans succès. Il recourt alors aux fusées. La première est lancée à 0 h 45 depuis le toit de la passerelle : un grondement, un sifflement, une gerbe d'étoiles blanches… Pour la première fois, un frémissement d'inquiétude est perceptible parmi les passagers.

Dans la cabine de TSF, la situation n'est pas particulièrement brillante. Trois navires seulement ont répondu aux appels de détresse : le *Frankfurt* qui n'a pas donné sa position, l'*Olympic*, le sister-ship du *Titanic*, mais qui se trouve à 513 milles, le *Carpathia* enfin, à 58 milles, soit quatre heures de route… Smith invite alors Phillips à lancer le nouveau signal de détresse prévu par la conférence de Berlin de 1906. À 0 h 45, intervient le premier SOS de l'histoire.

À 0 h 45, les canots sont parés. D'un signe de tête, Smith donne l'ordre d'embarquer. Deux officiers se répartissent la tâche. Murdoch contrôle les opérations à tribord, Lightoller à bâbord. C'est à ce moment-là seulement que le hurlement des sirènes diminue brutalement d'intensité, pour s'arrêter totalement quelques minutes plus tard. Suivant la tradition, femmes et enfants doivent embarquer d'abord.

La réaction est hésitante. Les femmes ont peur de se jeter dans les embarcations, de tenter l'aventure d'une descente interminable le long d'une coque noire de vingt mètres, la hauteur d'un immeuble de dix étages, pour déboucher sur une mer glaciale, sépulcrale. Les premiers canots partent à moitié ou aux trois quarts vides. Si Lightoller se montre intransigeant et n'accepte que des femmes ou des enfants, Murdoch fait preuve de plus de souplesse et n'hésite pas à embarquer des hommes si personne d'autre ne se présente.

Des canots à moitié vides

Au cours de ces premiers départs, l'insouciance persiste. Quolibets, plaisanteries fusent : « À bientôt, bonne promenade ! Ne vous perdez pas ! N'allez pas trop loin ! » « Si vous n'avez pas de contremarques, vous ne pourrez pas remonter à bord. » Des groupes continuent à se presser dans les salons et les fumoirs, là où la lumière brille, où il fait chaud. Ils

▸
L'impressionnante descente des canots du Titanic le long d'une coque de 20 mètres de hauteur.

fuient l'atmosphère glaciale des ponts, à demi plongés dans l'obscurité. Sous la direction de son chef, W. Hartley, l'orchestre s'est réuni à bâbord sur le pont à côté de la seconde cheminée et attaque des airs à la mode.

Vers 1 heure, une angoisse se dessine, bientôt de plus en plus oppressante. Le doute n'est plus permis, le désastre apparaît inévitable. L'inclinaison sur l'avant s'accentue, de même que la gîte sur tribord. Dans les fonds, l'eau envahit brutalement la chaufferie n° 5. Une cloison a cédé. Le compartiment est atteint à son tour. Malgré la baisse constante de pression, les mécaniciens réussissent à maintenir suffisamment d'énergie.

Tandis que le capitaine Smith, un mégaphone à la main, presse les opérations d'évacuation, Bruce Ismay, tendu, fiévreux, joue les utilités, au point d'exaspérer le lieutenant Lowe. Feignant de ne pas le reconnaître, l'officier lance au président de la White Star : « Si vous voulez bien foutre le camp, j'arriverai peut-être à quelque chose ! Vous voulez les faire descendre à toute vitesse ? Je vais arriver à les noyer ; ce sera le seul résultat ! » Sidéré, Ismay s'éclipse. En revanche, Andrews sait se montrer efficace. Il rassemble les femmes, les enfants et les incite à gagner immédiatement les embarcations. Au poste de TSF, les nouvelles sont toujours aussi peu encourageantes. On ne peut compter que sur deux navires, le *Mount Temple* et surtout le *Carpathia*. Même en forçant l'allure, il ne sera pas là avant 4 heures du matin.

À partir de 1 h 30, les évacuations se poursuivent à un rythme de plus en plus rapide. Les embarcations chargent jusqu'à 50 ou 60 personnes. L'ordre persiste encore, mais la tension, l'angoisse deviennent plus vives. Avec gentillesse, mais fermeté, les hommes poussent les femmes dans les canots. Les baisers sont plus longs, les étreintes plus fortes, parfois pathétiques. Beaucoup ont le sentiment qu'il s'agit désormais bel et bien d'un adieu. Les passagers affluent maintenant par groupes compacts. Il ne reste plus que quelques canots.

Le second Wilde distribue des pistolets aux officiers. La précaution n'est pas inutile. À plusieurs reprises, il faut briser des paniques, obliger des groupes d'hommes à refluer et à laisser embarquer les femmes et les enfants. Peu avant 2 heures, s'effectue le départ des derniers canots. Tout au long de la descente, les passagers peuvent voir à travers la dernière rangée de hublots éclairés des tables, des fauteuils en train de flotter, tandis que se fait entendre un bruit ininterrompu de verre et de porcelaine brisés.

▸ Le départ des derniers canots…

▴ Wallace Hartley (au centre) et les musiciens de l'orchestre.

Double page suivante : La fin du Titanic vue par le cinéma.

Les occupants des embarcations prennent alors conscience de l'étendue du désastre. Vu du large, le *Titanic* apparaît dans toute sa majesté. Il brille encore de tous ses feux. Mais, de toute évidence, l'agonie commence. L'eau envahit la plage avant. Toutes les embarcations ont été amenées, alors que des grappes de passagers encombrent les ponts. Ne restent plus que quatre radeaux à flanc de toile. Deux sont mis à l'eau, embarquant une quarantaine de personnes, dont Bruce Ismay. À bout de nerfs, le président de la White Star finit par sauter dans un des radeaux, au dernier moment, alors que des centaines de femmes et d'enfants sont encore à bord. Un geste qui pèsera sur tout le reste de son existence.

Pour beaucoup de canots, le salut semble encore à portée de la main. Les feux du mystérieux navire sont toujours visibles, à quelques milles tout au plus. Faisant force de rame, plusieurs embarcations tentent de gagner ce bateau providentiel. En vain. Le vapeur reste toujours aussi distant avant de s'évanouir dans la nuit. Ne s'agissait-il que d'un mirage, que d'une hallucination ?

Un calme étrange

2 heures, la fin approche. Pourtant, un calme étrange, surnaturel, règne à bord. Les centaines de passagers désormais liés au destin du navire affichent un surprenant détachement. Pas de cris, pas de panique. L'orchestre continue à jouer des ragtimes, la mélodie *Autumn*. Le gymnase est toujours éclairé et le moniteur à son poste.

Sachant que tout est perdu, Smith pénètre pour la dernière fois dans le poste de radio et libère les deux opérateurs : « C'est bien, vous avez fait le maximum, c'est chacun pour soi. » Désormais, le *Titanic* est silencieux. Depuis une vingtaine de minutes ses signaux étaient devenus presque inaudibles. Maintenant, plus rien. À 2 h 20, l'*Olympic* signale à tous : « *Titanic* ne répond plus. *Titanic* ne répond plus… »

Revenu sur la passerelle, le commandant adresse un ultime signal au personnel des machines : « Rung off, terminé. » La bataille des fonds s'achève. Mécaniciens et chauffeurs sont désormais libres de lutter pour leur survie. Même consigne aux commissaires, aux stewards, aux médecins. Le jeune assistant du médecin ne peut s'empêcher de jeter une dernière note d'humour : « N'auriez-vous pas un peu de fièvre, par hasard ? » Tous disparaîtront.

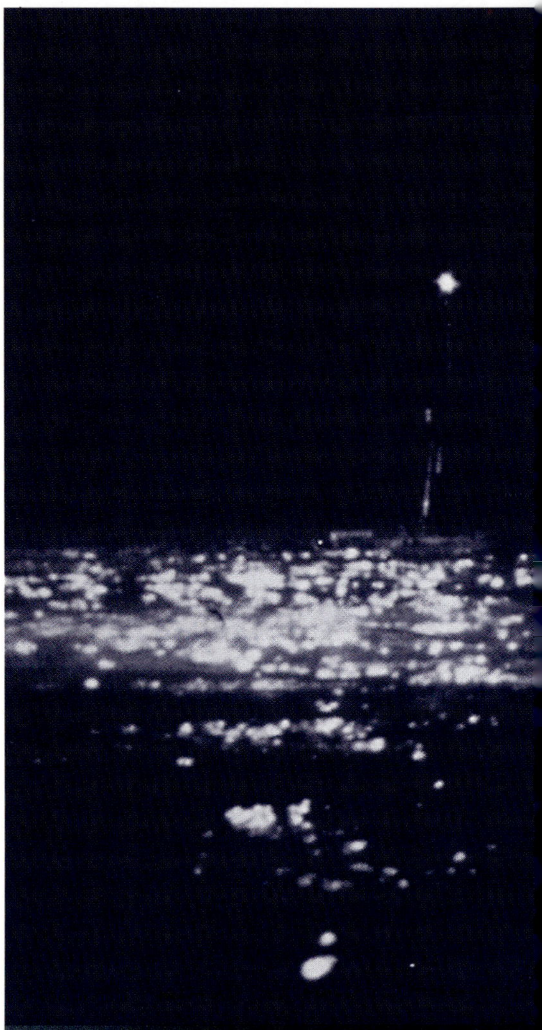

C'est la fin. L'eau monte à l'assaut de la passerelle, l'avant plonge dans la mer, l'arrière se soulève, laissant apparaître les hélices et le gouvernail. Par grappes, les survivants se cramponnent aux bastingages, à des câbles, ou se trouvent plaqués contre les murs des salons ou des fumoirs. Certains comme le lieutenant Lightoller sont enlevés par une énorme lame. Rompant ses câbles, la cheminée avant s'abat sur l'aileron tribord de manœuvre, écrasant des dizaines de naufragés. On retrouvera, quelques jours plus tard, le corps de John Astor horriblement mutilé.

La fin du géant

Depuis les embarcations qui font cercle autour du *Titanic*, des centaines d'hommes et de femmes assistent horrifiés à la fin du géant. Des grondements se font entendre comme un roulement de tonnerre lointain. Les machines, les chaudières se détachent de leur socle et viennent crever la coque et les cloisons. Les lumières vacillent, s'éteignent, se rallument à nouveau pour prendre une teinte rougeâtre avant de disparaître complètement.

La coque est maintenant à la verticale. Elle se découpe comme un immense menhir sur un ciel constellé d'étoiles. Après quelques minutes interminables, le *Titanic* s'enfonce et disparaît dans les profondeurs. Pas le moindre remous, la moindre succion. Il est 2 h 20.

À peine le navire a-t-il disparu qu'une immense clameur se fait entendre, qui hantera pendant des années les nuits des survivants. Ce sont les cris de souffrance de centaines de passagers jetés brutalement à la mer, dans une eau glaciale. Pour beaucoup de survivants, ces cris provoquent un effet de stupeur. Personne ne pouvait se douter que près des deux tiers des occupants du navire étaient restés à bord et allaient connaître une affreuse agonie à quelques centaines de mètres.

Pourtant, l'égoïsme l'emporte. Traumatisés par la catastrophe, la plupart des survivants sont hantés par le spectacle que le roman, l'imagerie populaire n'ont cessé de répandre : des grappes de naufragés, le visage torturé par l'angoisse et la haine, s'accrochant aux embarcations et les faisant chavirer en tentant de monter à bord. Au total, une quinzaine de naufragés à peine sont recueillis par les dix-huit canots qui entourent le lieu de la catastrophe.

Dans la plupart des embarcations, la nuit se déroule sans incident

▸ La fin d'un des opérateurs-radio vue par Le Petit Journal.

Double page précédente : Les derniers instants du Titanic. L'étrave plonge dans la mer tandis que la poupe se soulève.

▴ Deux représentations du naufrage à partir du témoignage des survivants.

▸ Un canot de sauvetage en vue du Carpathia.

TITANIC

majeur. Les canots dérivent lentement sur une mer toujours aussi plate. Perdus dans leurs pensées, écrasés par le choc, les passagers restent généralement silencieux. Des conflits éclatent cependant à bord de certaines embarcations. Exaspérée par le comportement insolent du premier maître Hitchins, Mme Brown finit par le mater et prend la direction de l'embarcation. La situation la plus dramatique concerne les deux radeaux à demi submergés. Des hommes meurent d'épuisement, notamment l'opérateur radio Phillips.

Alors que le jour commence à poindre sur une mer parsemée d'icebergs et bordée par une banquise, une joie délirante s'empare des survivants. Le *Carpathia* est en vue. Son commandant, le capitaine Rostron, n'a pas hésité. Dès réception des messages du *Titanic*, il a abandonné sa destination, la Méditerranée, pour se diriger vers le lieu du sinistre. Dépassant largement sa vitesse de croisière, le vieux bâtiment, au prix d'une navigation difficile au milieu des glaces, arrive enfin en vue de la première embarcation pour apprendre que le *Titanic* a disparu vers 2 h 20.

Au cours de sa difficile navigation, Rostron a fait installer des dortoirs dans les salons, les fumoirs, fait préparer des boissons chaudes. Les opérations de sauvetage durent quatre heures. Plus de sept cents survivants se trouvent à bord, quatre corps doivent cependant être immergés. Après avoir parcouru le lieu du désastre parsemé de débris, de fauteuils, de gilets de sauvetage, le *Carpathia* prend la direction de New York.

HEURES APPROXIMATIVES DE DÉPART DES EMBARCATIONS (COMMISSION D'ENQUÊTE BRITANNIQUE)

Numéros des embarcations	Côté tribord	Numéros des embarcations	Côté babord
	Matin		Matin
7	0 h 45	6	0 h 55
5	0 h 55	8	1 h 10
3	1 h 00	10	1 h 20
1	1 h 10	12	1 h 25
9	1 h 20	14	1 h 30
11	1 h 25	16	1 h 35
13	1 h 35	2	1 h 45
15	1 h 35	4	1 h 55
C	1 h 40	D	2 h 50
A	S'éloigna quand le navire sombra et fut utilisé comme radeau	B	S'éloigna quand le navire sombra et fut utilisé comme radeau

PERSONNES SE TROUVANT À BORD DES EMBARCATIONS, D'APRÈS LES TÉMOIGNAGES (COMMISSION D'ENQUÊTE BRITANNIQUE)

Embarcations à tribord	Hommes d'équipage	Passagers masculins	Femmes et enfants	Total	Embarcations à babord	Hommes d'équipage	Passagers masculins	Femmes et enfants	Total
n°7	3	4	20	27	n°6	2	2	24	28
n°5	5	6	30	41	n°8	4	–	35	39
n°3	15	10	25	50	n°10	5	–	50	55
n°1	7	3	2	12	n°2	4	1	21	26
n°9	8	6	42	56	n°12	2	–	40	42
n°11	9	1	60	70	n°14	8	–	53	61
n°13	5	–	59	64	n°16	6	–	50	56
n°15	13	4	53	70	n°4	4	–	36	40
C	5	2	64	71	D	2	2	40	44
A	Utilisé après que le navire a sombré				B	Utilisé après que le navire a sombré			
Totaux	70	36	355	461	Totaux	37	7	349	393

Total général : 107 hommes d'équipage, 43 passagers masculins, 704 femmes et enfants.

Double page précédente :

À l'aube du 15 avril, le Carpathia arrive sur les lieux du naufrage et va récupérer les survivants transis dans les embarcations de sauvetage.

▸

Les passagers d'un des canots du Titanic montent à bord du Carpathia par un sabord de charge.

Les survivants du Titanic sur le pont du Carpathia.

▾

Chapitre 4

Suspense et stupeur

▸

À gauche, l'équipe sportive de l'équipage du Carpathia. À droite, son état-major, autour du capitaine Rostron.

New York, 18 avril au soir. Plus de 30 000 personnes attendent l'arrivée du Carpathia.

▾

La disparition du *Titanic*, le retour du *Carpathia*, vont se traduire à New York par une incertitude suivie d'une attente exaspérante. La terrible réalité ne filtre que lentement au cours de trois mortelles journées. Il faut attendre l'arrivée du *Carpathia* à New York dans la soirée du 18 avril pour que l'on connaisse enfin tous les détails du drame.

C'est au milieu de la nuit du 15 avril que le vice-président de la White Star, Philip Franklin, est averti par un coup de téléphone de l'Associated Press que le *Titanic* a été victime d'un accident sérieux. Il a heurté un iceberg et envoyé des messages de détresse. Ses derniers signaux se sont brutalement interrompus vers minuit 25. C'est la stupeur dans les bureaux de la compagnie et les salles de rédactions. Harcelé par les journalistes et des parents de passagers, Ph. Franklin se confine dans un discours lénifiant. Le *Titanic* ne peut couler, le bâtiment est insubmersible. Il n'y a rien à craindre pour les passagers.

En fin de matinée, les nouvelles les plus fantaisistes commencent à affluer. D'après deux messages reçus de Montréal, le paquebot serait sain et sauf. Par ses propres moyens ou à la remorque, il se dirigerait sur Halifax. On n'a jamais pu trouver l'origine exacte d'une rumeur dont l'*Olympic* finit par se faire l'écho. On peut penser cependant qu'elle provient d'un message que l'opérateur Phillips aurait adressé à ses parents résidant en Angleterre dans le Surrey pour les rassurer. « Avançons lentement vers Halifax ; pratiquement incoulable, ne vous inquiétez pas. » En attendant, la White Star décide de réunir pour mardi soir, heure d'arrivée présumée du *Titanic* à Halifax, vingt-trois wagons-lits et deux wagons-restaurants pour les 632 passagers de première et de deuxième classe, ainsi que des voitures ordinaires pour les 710 passagers de troisième. Cette demande, à mettre sur le compte de la compagnie, fait l'objet de deux confirmations dans l'après-midi du 15 avril.

Dans son édition du soir, l'*Evening Sun* croit pouvoir titrer sur cinq colonnes « All saved from *Titanic* after collision ». Le journal ajoute : « Secouru par le *Carpathia* et le *Parisian*, le paquebot est remorqué vers Halifax après être entré en collision avec un iceberg. »

◂

Après l'arrivée du Carpathia, la foule se disperse.

◂

Le 15 avril, alors que l'incertitude règne encore, la foule s'assemble devant les bureaux de la White Star à New York.

Double pages suivantes :
À Londres, devant le siège de la White Star, la presse révèle l'étendue du désastre.
Pendant toute la journée du 15 avril, les nouvelles venues de Montréal entretiennent l'incertitude et alimentent les pires rumeurs.

« Le Titanic a disparu »

C'est à l'heure où la première édition est mise en vente que la vérité éclate brutalement. Un message de l'*Olympic*, en liaison avec le *Carpathia*, révèle l'ampleur du désastre. « Le *Carpathia* a atteint la position du *Titanic* au lever du jour. Le *Titanic* a disparu vers 2 h 20... Tous ses canots ont été récupérés. Près de 675 personnes sauvées, pour la plupart des femmes et des enfants... Le *Carpathia* se dirige sur New York avec les survivants. Informez la Cunard. »

À 19 heures, dans son bureau, Philip Franklin confirme la sinistre nouvelle : « Messieurs, j'ai le regret de vous annoncer que le *Titanic* a coulé ce matin vers 2 h 30. » Un peu plus tard, il précise : « C'est un horrible désastre. On pourra remplacer le navire, mais pas les vies humaines. »

Tout n'est pas fini. Le suspense continue. Après avoir repris la direction de l'ouest, l'*Olympic* fournit une première liste de 322 rescapés. Ensuite, plus rien. Pendant trois jours, le *Carpathia* observe un silence étrange, ou plutôt se contente d'adresser un message à sa compagnie pour l'avertir de son changement de route, suivi d'un second de Bruce Ismay qui confirme la disparition du *Titanic* et qui s'achève sur deux mots : « Détails suivront. » Ces détails n'arriveront jamais. Le silence va rester total sur le nombre exact et l'identité des rescapés. Un silence qui nourrit les pires ambiguïtés.

Un silence qui traduit le comportement pour le moins douteux de bien des opérateurs radio de l'époque. Suivant une pratique tolérée par la plupart des compagnies, ces opérateurs s'arrogent le droit de transmettre à la presse le récit de l'accident ou du naufrage dont ils ont été témoins. Dès leur arrivée à New York, Cottam et Bride, les deux opérateurs du *Carpathia*, vendront au *New York Times* le récit de la disparition du *Titanic*. La transaction interviendra dans un hôtel et ils toucheront une somme non négligeable de 750 dollars, soit dix-huit mois de salaire.

Il y a d'autres explications. Au cours des trois jours de traversée, les deux opérateurs sont accablés par l'envoi de messages de rescapés ; plus de 500 au total. L'installation TSF du *Carpathia* est déjà d'un modèle ancien, même si la radio n'apparaît à bord des navires de commerce qu'à l'extrême fin du XIXe siècle. Dans les meilleures conditions, la portée ne dépasse pas 100 milles de jour et 200 la nuit. Elle peut encore être réduite si les conditions météo, pluie, brouillard, sont défavorables, ce qui est le cas pendant la traversée vers New York. Le *Carpathia* essuie

EVE

ANIC
ASTER
AT LOSS
LIFE
ING NEWS

New York American
LARGEST CIRCULATION IN THE WORLD

New York American
LATEST NEWS WHITE STAR TITANIC
NORRIS
CIGARS UNITED

une violente tempête. De fait, les messages adressés par le bâtiment n'arrivent à New York qu'à partir de l'après-midi du 17 avril.
L'attente s'achève enfin le jeudi 18, à la nuit, quand le *Carpathia* fait son entrée dans le port de New York. La Batterie, les quais sont noirs de monde. Plus de 30 000 personnes. Il pleut. Les coroners, officiers de police judiciaire, sont là avec des ambulances et des cercueils. Dès l'accostage, à 9 h 20, les représentants de la police des douanes, des services sanitaires montent à bord. Sur l'intervention du capitaine Rostron, les formalités sont réduites au minimum.

À gauche, le jeune radio Harold Bride, les pieds à moitié gelés, est descendu du Carpathia ; à droite, devant les bureaux du journal The Sun, l'attente des dernières nouvelles.

Au bord de l'hallucination

Simultanément, le commandant du *Carpathia* fait débarquer dans les eaux du port les seize canots du *Titanic*. Ils seront ensuite, ce qui peut paraître dérisoire, transférés dans le bassin 42, là où le géant des mers devait accoster le 17 avril. Vers 22 heures, sous les éclairs de magnésium des photographes, les survivants débarquent : « Si certains, note un journaliste, sont étrangement calmes et lucides, la plupart sont à demi-inconscients, à demi-hystériques, au bord de l'hallucination… »
Le doute n'est plus permis. Ils ne sont que 711. On peut juger de l'ampleur de la catastrophe. Rostron et les rescapés sont formels. Le naufrage du *Titanic* se solde par la disparition de plus de 1 500 personnes. C'est le plus grand drame de l'Atlantique et même de l'histoire maritime.
La presse tient aussitôt à prendre sa revanche des bévues des jours précédents. Un journal décrit ainsi la collision avec l'iceberg : « Terrifiés par la violence du choc, les passagers affolés sortent de leurs cabines et se précipitent dans le grand salon, dans un bruit épouvantable d'acier volant en éclats, de tôles froissées et de vitres brisées. La chute d'énormes blocs de glace sur les ponts ajoute à l'horreur. Devenue folle et sauvage, la foule se rue ensuite au dehors pour contempler un des pires désastres jamais vus. Sur plus de cinquante mètres, l'avant du paquebot n'est plus qu'un amas de ferrailles tordues et brisées ! »
S'appuyant sur le récit d'un passager, le *Sun* n'est pas en reste. « Il faisait un clair de lune splendide et beaucoup d'entre nous étaient en train de faire un tour sur le pont pour profiter de l'air frais. Le capitaine Smith était sur la passerelle quand arriva le premier cri de la vigie avertissant qu'il y avait un iceberg juste devant nous. Il m'a paru avoir dans les cent mètres de haut. Il était à deux cents mètres environ et juste

Le débarquement des canots du Titanic dans le bassin 42 du port de New York.

The Sun.
1500 MISSING
ONLY 866
LIST OF SURVIVORS
Coming
By Wireless
TITANIC SINKS
TWO MILES.
WIDENERS REPORTED SAFE

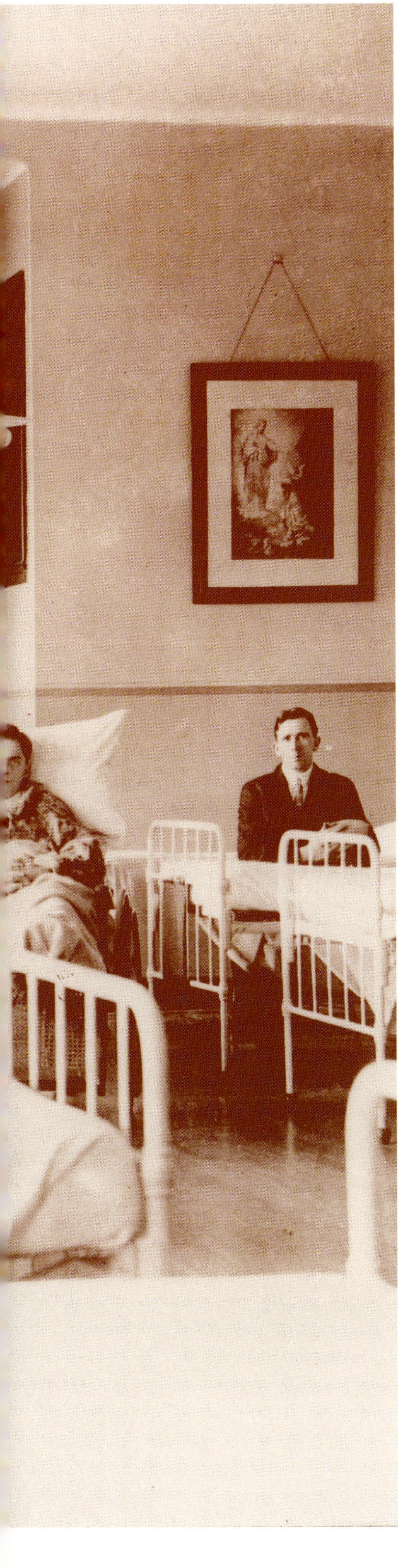

devant nous. Le capitaine Smith cria des ordres… Les gens qui étaient en train de se promener coururent à l'avant. Mais nous nous rendîmes compte qu'il était impossible de l'éviter et nous nous précipitâmes vers l'arrière. Puis ce fut la collision et tout le monde fut frappé de terreur… Le comble de l'horreur est atteint au moment de l'évacuation. Les femmes ont des crises de nerfs. Certaines sont piétinées. Les officiers sont obligés de faire usage de leurs armes pour rétablir l'ordre, empêcher les passagers affolés de monter à l'assaut des embarcations. Des canots se renversent au cours de la descente, jettent leurs occupants à la mer dans l'eau noire et glaciale. »

En marge de ces récits surréalistes, les spécialistes du scandale, les Mudkrakers, les « remueurs de boue », se déchaînent. L'heure est aux explications. Les accusations pleuvent. La White Star est mise en cause pour ses communiqués lénifiants. En laissant planer un doute sur la disparition du paquebot et le sort des passagers, la compagnie se serait empressée de modifier, à prix d'or, le contrat d'assurance du *Titanic*. La question sera évoquée lors des commissions d'enquête. Aucune preuve ne pourra être fournie.

Vengeance ou canular ?

Parmi toutes les fausses nouvelles, on s'interroge sur celle concernant l'arrivée du *Titanic* à Halifax, d'autant plus qu'elle avait connu un ultime rebondissement par un message signé White Star et expédié plus d'une heure et demie après la disparition officielle du bâtiment : « *Titanic* se dirige sur Halifax. Passagers y débarqueront probablement mercredi. Tous sains et saufs. » L'auteur du message ne sera jamais identifié. Vengeance ou canular d'un goût douteux ? On ne saura jamais.

Les accusations portent encore sur les « silences » du capitaine Rostron et son refus de répondre à un souci légitime d'information. Mais les griefs majeurs concernent les origines et les responsables de la catastrophe. On refuse de s'incliner devant la fatalité. On met en cause le commandant, les officiers. Le naufrage apparaît comme le résultat d'une déplorable imprudence.

Bruce Ismay est particulièrement visé. Sa survie, alors que le drame a fait des centaines de victimes, apparaît indécente. Elle constitue une preuve suprême de lâcheté. Certains l'accusent d'avoir incité le commandant à maintenir une vitesse élevée dans une zone dangereuse, truffée d'icebergs, pour des raisons bassement commerciales. Certains n'hésitent pas à l'appeler « Brute Ismay ». Il y a là un écho des accusations portées par les rescapés qui ont constitué à bord du *Carpathia* un comité chargé, en principe, de recueillir des fonds pour les plus démunis.

Le jeune historien Lawrence Beesley se charge de résumer ces doléances dans une lettre adressée au *Times* de Londres. « En tant qu'un des rares survivants britanniques du paquebot *Titanic*... je vous demande de bien vouloir communiquer à vos lecteurs certains éléments concernant le désastre, dans l'espoir que quelque chose sera fait dans un avenir proche pour assurer la sécurité de ceux qui utilisent la route de l'Atlantique pour leurs affaires ou leur plaisir. » Les interrogations portent sur la navigation dans les zones dangereuses, les dispositifs de sécurité... En attendant des mesures concrètes, les officiers survivants et Bruce Ismay sont priés, contrairement à leurs intentions de ne pas regagner immédiatement la Grande-Bretagne, mais de rester sur le territoire américain dans l'attente de la réunion d'une commission d'enquête.

En attendant, la disparition du *Titanic* s'élève au niveau d'un deuil national pour la Grande-Bretagne et plus encore pour les États-Unis, les deux pays les plus affectés par le naufrage du navire et les pertes en vies humaines. À leur arrivée à New York, les survivants ont eu la surprise de trouver les pavillons des grandes compagnies de navigation en berne. En Angleterre, c'est le Premier ministre lui-même, Herbert H. Asquith, qui annonce la nouvelle devant la Chambre des communes. Contrairement à la tradition, les honorables parlementaires se lèvent et respectent une minute de silence. Le roi George V adresse ses condoléances aux familles et envoie un message au Président des États-Unis W.H.Taft, pour lui faire part de sa douleur « devant la grande infortune qui frappe deux nations si unies par les liens de l'amitié ».

Une cérémonie imposante a lieu dans la cathédrale Saint-Paul de Londres, avec la participation d'un orchestre de cinq cents musiciens. L'effet en est saisissant. « On aurait cru d'abord que de gigantesques oiseaux battaient des ailes contre les vitraux de la cathédrale. Le bruit gagna en intensité. C'était celui d'un vent de tempête... La gigantesque nef fut bientôt envahie par un ouragan musical, comme si tous les vents du large se précipitaient au-dessus de la tête des assistants, comme si une mer en furie pénétrait dans le sanctuaire. » Le service le plus émouvant a cependant lieu dans l'église Sainte-Marie de Southampton. Beaucoup d'hommes d'équipage en sont originaires. Dans une même rue, vingt-deux familles pleurent un disparu.

Double page précédente :
Beaucoup de rescapés, complètement épuisés, durent être hospitalisés.

D'après la presse américaine du 16 avril, le nombre de survivants et de disparus reste encore approximatif.

"All the News That's Fit to Print."

The New York Times.

THE WEATHER.

NEW YORK, TUESDAY, APRIL 16, 1912—TWENTY-FOUR PAGES. ONE CENT

TITANIC SINKS FOUR HOURS AFTER HITTING ICEBERG; 866 RESCUED BY CARPATHIA, PROBABLY 1250 PERISH; ISMAY SAFE, MRS. ASTOR MAYBE, NOTED NAMES MISSING

Col. Astor and Bride, Isidor Straus and Wife, and Maj. Butt Aboard.

"RULE OF SEA" FOLLOWED

Women and Children Put Over in Lifeboats and Are Supposed to be Safe on Carpathia.

PICKED UP AFTER 8 HOURS

Vincent Astor Calls at White Star Office for News of His Father and Leaves Weeping.

FRANKLIN HOPEFUL ALL DAY

Manager of the Line Insisted Titanic Was Unsinkable Even After She Had Gone Down.

HEAD OF THE LINE ABOARD

J. Bruce Ismay Making First Trip on Gigantic Ship That Was to Surpass All Others.

The admission that the Titanic, the biggest steamship in the world, had been sunk by an iceberg and had gone to the bottom of the Atlantic, probably carrying more than 1,400 of her passengers and crew with her, was made at the White Star Line offices, 9

The Lost Titanic Being Towed Out of Belfast Harbor.

Biggest Liner Plunges to the Bottom at 2:20 A. M.

RESCUERS THERE TOO LATE

Except to Pick Up the Few Hundreds Who Took to the Lifeboats.

WOMEN AND CHILDREN FIRST

Cunarder Carpathia Rushing to New York with the Survivors.

SEA SEARCH FOR OTHERS

The California Stands By on Chance of Picking Up Other Boats or Rafts.

OLYMPIC SENDS THE NEWS

Only Ship to Flash Wireless Messages to Shore After the Disaster.

LATER REPORT SAVES 866.

BOSTON, April 15.—A wireless message picked up late to-night, relayed from the Olympic, says that the Carpathia is on her way to New York with 866 passengers from the steamer Titanic aboard.

DAILY GRAPHIC

ACCIDENT £1,000 INSURANCE

TUESDAY, APRIL 16, 1912.

TITANIC SUNK: APPALLING LOSS OF LIFE

ST. LOUIS POST-DISPATCH

Only Evening Paper in St. Louis With the Associated Press News Service.

HOME EDITION

VOL. 64. NO. 240. ST. LOUIS, TUESDAY EVENING, APRIL 16, 1912—28 PAGES. PRICE ONE CENT

S LOST WHEN "TITANIC" SANK; 868 SAVED

Steaming to New York With Survivors; None on Other Ships

eless from Capt. Roston of Carpathia, to Cunard line here, reads: "Proceeding to New York with about 800. Consulted with Mr. Ismay. So much ice about, con- ber icebergs and twenty miles field-ice with bergs amongst."

Allan Line issues the following statement: "We are in receipt of a Marconi via Cape Race, from Capt. Gambell of the Virginian, that he arrived on the scene of nd is proceeding to Liverpool."

The Allan Liner Parisian reports by wireless, via Sable Island, that she has no passengers from the Titanic on board.

mpic reports by wireless "Carpathia reached Titanic position at daybreak FOUND BOATS AND WRECKAGE ONLY. Titanic sank about 2:20 a. m. in 41:16 OUNTED FOR, containing about 675 souls saved, crew and passengers included. Nearly all saved women and children. Californian remained searching exact

it would appear alongside the Eads Bridge; Ice bergs photographed off Newfoundland and St. Louis woman passenger rescued.

2-THIRDS WOMEN IN PARTIAL LIS OF THOSE RESC

Astor, Butt, Guggenheim Many Other Famous Men Were on Board Not Men Among Survivors— Loss Is $20,000,000.

By Associated Press.

ABOUT 2200 PERSONS WERE ABOARD TITANIC.

ARE
E ON

Consternation dans le monde entier

L'émotion est tout aussi profonde dans les autres pays européens. La fin du *Titanic* apparaît comme une catastrophe d'ampleur internationale. À Berlin, le président du Reichstag exprime l'émotion du peuple allemand. Le Kaiser adresse un message personnel au roi d'Angleterre pour l'assurer de sa vive sympathie. Le président de la République française, Armand Fallières, envoie lui aussi un télégramme à George V. « J'ai à cœur d'exprimer personnellement à Votre Majesté la profonde tristesse avec laquelle j'ai appris la terrible catastrophe du *Titanic* qui met en deuil tant de familles américaines et j'ai à cœur de vous adresser mes très sincères condoléances. Je tiens à dire à Votre Excellence que je prends part à ses angoisses concernant le major Butt. » Le pape Pie X intervient lui aussi. L'aide de camp du président revenait d'une mission auprès du Saint-Siège et Butt était porteur d'une lettre de Sa Sainteté à Taft.

À Paris, les murs de l'agence de la White Star, rue Scribe, sont drapés de noir pendant plusieurs jours. Une messe de Requiem est célébrée en l'église de la Madeleine, en présence de hautes personnalités. L'assistance se montre particulièrement « nombreuse et recueillie ». Des comités de soutien en faveur des victimes se multiplient des deux côtés de l'Atlantique. On met en vente des gravures bordées de noir, représentant le paquebot disparu, ainsi que des cartes postales, des napperons, des boutons, des cendriers… Le 29 avril, le Metropolitan Opera de New York donne une représentation spéciale au profit des veuves et des orphelins.

Pendant plusieurs jours, les grands journaux européens consacrent des éditions spéciales à la disparition du géant qui dépasse le cadre du fait divers le plus tragique. En France, les titres sont à la mesure du drame. *La Presse :* « Catastrophe sans précédent dans l'histoire des marines : 1 500 morts. » *Le Figaro :* « La banquise a fait disparaître 1 465 personnes. La télégraphie sans fil en a sauvé 715. »

Nombre d'écrivains, de littérateurs, de plumitifs ne peuvent résister à la tentation d'évoquer un événement qui bouleverse la conscience humaine. L'académicien Paul Lavedan, au comble de sa réputation et qui bénéficie chaque semaine d'une page entière dans *L'Illustration* s'efforce, avec un lyrisme devenu aujourd'hui insupportable, de faire revivre la nuit du drame : « L'horreur ne me lâche pas. Je suis hanté du *Titanic*… Décor : la nuit. La solennelle immensité de la mer. Des étendues infinies et profondes, percées de froid, fourrées de brume, occu-

DRAWN BY F. MATAN

THE MODERN

A typical bearer of the fateful

▲

Double page précédente :

Sortie de la messe de Requiem célébrée à La Madeleine à Paris. Au premier plan, l'ambassadeur des Etats-Unis.

pées et remplies par l'unique et colossal murmure des éléments, l'énorme et doux va-et-vient des flots. Un ciel étoilé, mais sans lune, un ciel noir, gelé, où les astres font l'effet d'une poussière de glace…

« Et dans ce paysage de désolation majestueuse, je vois un bateau – un seul, un grand, très grand, un gigantesque bateau comme jamais on n'en a vu… ou plutôt non, c'est une maison… plus qu'une maison, un quartier ! plus qu'un quartier, une ville ! Cette ville inouïe passe, file, suit son chemin. Elle sait ce qu'elle veut, où elle va… Et cependant une montagne de glace est déjà en route… A-t-elle été désignée ? A-t-elle reçu un ordre ? Désignée par qui ? Quel est celui qui aurait donné l'ordre ? Nous ne savons pas, nous n'avons pas à savoir…

« Ce qui est certain, c'est que la montagne de glace et le bateau géant – mais si petit quand même – qui avaient toutes les raisons, toutes les chances de s'éviter… se sont pourtant rejoints, comme s'ils se cherchaient, comme s'il était écrit qu'ils dussent, à ce moment précis du temps, se rencontrer et se heurter.

« Et le choc eut lieu. À partir de cette minute, c'est l'incompréhension dans les sentiments, les sensations, la confusion de toutes les idées, de tous les états de l'esprit, du cœur, du corps et de l'âme : des prodiges de raison, de sagesse et de folie, l'apothéose du sang-froid et du courage et puis l'extrême de l'abattement et de la lâcheté ; de l'héroïque à côté du bestial ; de la révolte en face de la résignation ; du blasphème, des cris, des pleurs, des hurlements, du silence, des baisers et de la prière. »

À Londres, service solennel en la cathédrale Saint-Paul.

▼

Pour beaucoup, la disparition du plus beau bateau du monde offre matière à réflexion sur la fragilité et la vanité des choses d'ici-bas. Comme le souligne Stéphane Lauzanne dans *Le Matin* du 17 avril, « Le *Titanic* constituait l'affirmation la plus formidable de la puissance moderne. Il était le paquebot le plus gigantesque qu'on eût vu à flot depuis que le monde existe. Il était muni des derniers raffinements de la science et de la civilisation. » « Pourtant, il a sombré avec ses appartements d'un luxe inouï, avec sa formidable machinerie, avec ses millionnaires, avec sa télégraphie sans fil… »

Pour d'autres, le drame constitue un sévère avertissement. Il ébranle la confiance illimitée accordée au progrès à l'heure où le positivisme et le scientisme conservent une forte audience au mépris du hasard et des forces profondes. Une remise en cause qui inquiète un Jean Jaurès, toujours adepte fervent d'un progrès nécessaire à « l'émancipation de l'humanité ».

Il doit cependant reconnaître que « malgré toutes les forces de la science l'homme ne domptera jamais toutes les forces humaines. Il ne lui suffira pas d'enchaîner les formules aux formules pour toucher le fond du mystère. Mais la gloire de l'homme est de poursuivre sans peur jusqu'à l'infini la conquête des choses... Discréditer la science ou la chicaner, ce n'est pas exalter les facultés mystiques de l'âme, c'est au contraire les appauvrir et les égarer ».

Mauvais sort ?

Au lendemain du désastre, une question se pose encore. Le *Titanic* n'était-il pas le navire du malheur, l'instrument d'un génie malfaisant ? Et d'évoquer l'abordage évité de justesse au moment de l'appareillage à Southampton avec le *New York* et le *Teutonic*. Le silence aussi des autres navires qui, en dépit de la tradition, se refusent à actionner leurs sirènes. Au cours de la traversée, le dernier jour en particulier, bien des passagers auraient éprouvé un malaise ranimé ou provoqué par la partition musicale des *Contes d'Hoffmann* joué par l'orchestre. Un sentiment d'oppression encore aggravé par un ciel noir, constellé d'étoiles et une mer morte, funèbre, sans la moindre ride.

Le publiciste William Stead qui disparaîtra dans le naufrage est, lui aussi, assailli de sombres pressentiments. Au cours d'interminables séances de bridge, il ne cesse de dire et de répéter à ses partenaires que le *Titanic* peut fort bien disparaître. N'est-il pas l'auteur d'un article paru en 1898 dans la *Review of Reviews* et intitulé « Du vieux monde au nouveau ». Le récit met en scène un des plus beaux paquebots de la White Star de l'époque, le *Majestic*, qui sombre, lui aussi, après avoir heurté un iceberg. La conclusion de Stead est prémonitoire : « Les océans parcourus par de rapides paquebots sont jonchés des os blanchis de ceux qui ont embarqué comme nous et ne sont jamais arrivés à bon port. »

À la manière des vieux contes populaires, le drame du *Titanic* fait rapidement l'objet de variations ou même d'affabulations. Au mépris de ses performances, le *Titanic*, au moment du heurt avec l'iceberg, marchait à pleine vitesse et le capitaine Smith caressait l'intention d'enlever le ruban bleu au *Mauretania*. Le *Titanic* comportait encore une « salle de bal », alors que les pistes de danse n'apparaîtront sur les paquebots qu'à la faveur des années folles. Pour ajouter encore au tragique, le premier officier Murdoch et le capitaine Smith se seraient suicidés sur la passe-

▸ **Parmi les disparus, le publiciste William Stead qui n'avait cessé d'annoncer la disparition du Titanic tout au long de la traversée.**

WHITE STAR LINE

ROYAL & UNITED STATES MAIL STEAMERS

FIRST SAILING OF THE LATEST ADDITION TO THE WHITE STAR FLEET

The Queen of the Ocean

TITANIC

LENGTH 882½ FT. OVER 45,000 TONS BEAM 92½ FT.
TRIPLE-SCREWS

This, the Latest, Largest and Finest Steamer Afloat, will sail from

WHITE STAR LINE, PIER 59 (North River), NEW YORK

Saturday, April 20th At 12 Noon

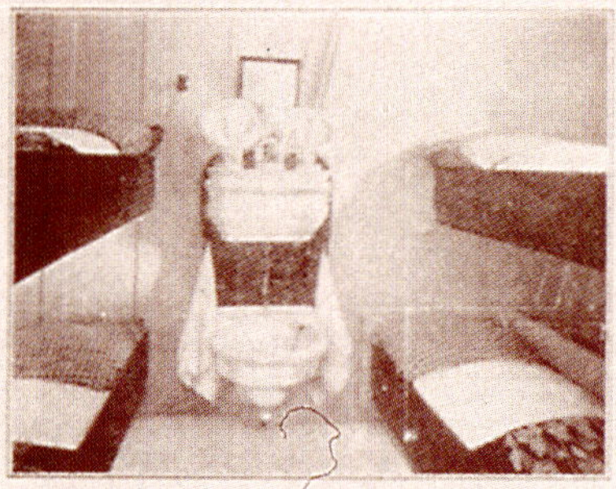

THIRD CLASS FOUR BERTH ROOM

Spacious Dining Saloons
Smoking Room
Ladies' Reading Room
Covered Promenade

All passengers berthed in closed rooms containing 2, 4, or 6 berths, a large number equipped with washstands, etc.

THIRD CLASS DINING SALOON

Reservations of Berths may be made direct with this Office or through any of our accredited Agents

THIRD CLASS RATES ARE:

To PLYMOUTH, SOUTHAMPTON, LONDON, LIVERPOOL and GLASGOW	$36.25
To GOTHENBURG, MALMÖ, CHRISTIANIA, COPENHAGEN, ESBJERG, Etc.	41.50
To STOCKHOLM, ABO, HANGO, HELSINGFORS	44.50
To HAMBURG, BREMEN, ANTWERP, AMSTERDAM, ROTTERDAM, HAVRE, CHERBOURG	45.00

TURIN, $48. NAPLES, $52.50. PIRAEUS, $55. BEYROUTH, $61., Etc., Etc.

DO NOT DELAY: Secure your tickets through the local Agents or direct from

WHITE STAR LINE, 9 Broadway, New York

TICKETS FOR SALE HERE

PLUS PRÈS DE

Célèbre Cantique du " TITANIC "

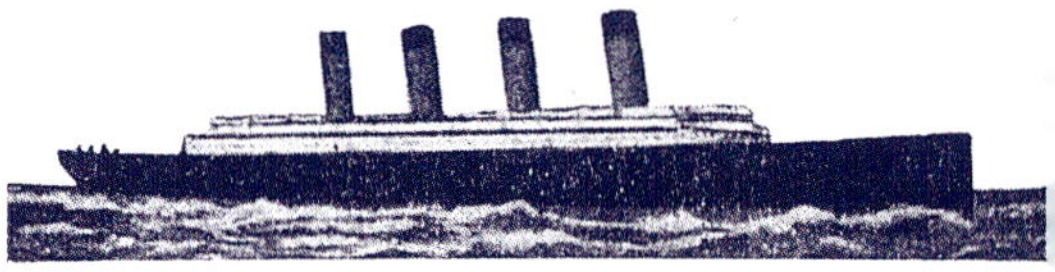

H-J-W

ÉDITION AUTHENTIQUE

Plus haut, plus haut ! c'est le cri de ma foi :
S'il faut courber la tête sous le glaive,
Je veux encor que mon âme s'élève
Plus près de toi, mon Dieu, plus près de toi !

Lorsque la nuit se fait autour de moi,
Quand j'erre seul dans le désert immense,
Que de mon âme encor ce cri s'élance :
Plus près de toi, mon Dieu, plus près de toi !

Prends, ô mon cœur, les ailes de la foi,
Vole au-dessus des monts et des vallées,
Chante, au travers des plaines étoilées :
Plus près de toi, mon Dieu, plus près de toi !

Quand tu viendras, ô mon céleste Roi,
Me recueillir dans ta pure lumière,
Que je redise à mon heure dernière :
Plus près de toi, mon Dieu, plus près de toi !

En souvenir du vaisseau "TITANIC" et des vaillants qui ont péri le 15 Avril 1912.

PLUS PRÈS DE TOI MON DIEU

(NEARER MY GOD TO THEE!)

Hymne exécuté à bord, la nuit, au moment du naufrage

PAROLES ET MUSIQUE (FRANÇAISES ET ANGLAISES) AUTHENTIQUES

Petit format : 0.35 LE TITANIC Grand format, net 1 fr

Henry WYKES, éditeur, 166, Rue Montmartre – PARIS

TOUS DROITS RESERVES

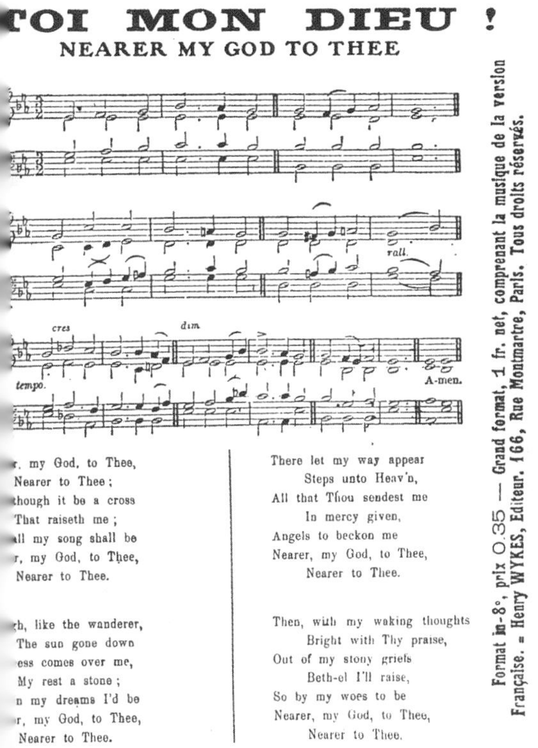

« Plus près de toi mon Dieu ! » appartient à la légende du Titanic.

relle après l'évacuation. D'après d'autres témoignages, Smith aurait sauté à l'eau et trouvé assez de force pour sauver un bébé. Aux dires d'un simple matelot, qui aurait reconnu sa voix, il aurait tenté vainement de se hisser sur un radeau retourné et aurait pu crier avant de disparaître « Courage les gars, que Dieu vous aide… »

C'est le comportement de l'orchestre qui excite le plus l'imagination et la sensibilité populaires. Sous la direction de leur chef Wallace Hartley, les musiciens groupés sur le pont des embarcations auraient joué jusqu'à la fin. Au moment de l'agonie du géant des mers, ils auraient attaqué le vieux cantique de leur enfance : « Plus près de toi, mon Dieu ». Il y a là une légende édifiante, en contradiction avec les souvenirs des survivants. La plupart n'ont pas remarqué la présence de l'orchestre. En tout cas, ils n'ont rien entendu, surtout s'ils se trouvaient du côté tribord, séparés des musiciens par la deuxième cheminée et le gymnase. Tous sont cependant d'accord sur un point : l'orchestre n'a joué que des airs à la mode, des ragtimes, peut-être l'hymne *Automn*, et certainement pas le cantique qu'on lui prête, ce qui aurait été, comme le soulignera Lawrence Beesley, d'une suprême inconvenance. Il n'en reste pas moins que la partition de « Plus près de toi, mon Dieu » devait être vendue, rien qu'en France, à plus de 50 000 exemplaires.

Le Titanic a encore ses héros, Mme Strauss qui se refuse à embarquer et à quitter son mari après une longue vie commune, John Astor, Benjamin Guggenheim, William Stead. Il a aussi ses lâches, à commencer par Lord Duff Gordon. C'est sur l'invitation pressante d'un officier, en tant que yachtman confirmé, qu'il monte à bord d'une embarcation avec sa femme. L'Establishment ne lui pardonnera pas un geste douteux, l'offre d'une gratification de 5 livres, à l'égard des membres survivants de l'équipage et surtout son refus de retourner sur le lieu de la catastrophe.

La grande victime n'est autre que Bruce Ismay. À bord du *Carpathia*, reclus dans la cabine du médecin, le président de la White Star avait déjà eu le pressentiment du calvaire qu'il allait connaître à New York… Ismay ne réussira jamais à se laver d'une accusation d'ingérence inadmissible dans la marche du paquebot et d'une réputation de lâcheté, même si en sautant au dernier moment dans un radeau, il n'avait pris la place de personne. Jusqu'à sa mort en 1937, celui qui était devenu le bouc émissaire de la catastrophe vivra complètement coupé du monde dans sa magnifique propriété située sur la côte occidentale de l'Irlande.

La traversée de retour qui n'eut jamais lieu. Le Titanic devait repartir pour Southampton le samedi 20 avril à midi. ◄

Chapitre 5

Imprudence ou fatalité

Le 19 avril, le lendemain même de l'arrivée du *Carpathia* à New York, débute l'enquête américaine. Sous la direction du Sénat, elle est menée par un sous-comité du ministère du Commerce. Une cinquantaine de personnes, Bruce Ismay en tête, les officiers survivants du *Titanic*, des hommes d'équipage, des passagers, les commandants des bâtiments à proximité du naufrage, le *Carpathia*, l'*Olympic*, le *Californian*… le directeur de la compagnie Marconi, chargé de l'installation TSF à bord du paquebot seront entendus dans les salons du Waldorf Astoria.

Cette initiative américaine soulève les plus vives réserves du cabinet britannique. Le *Titanic* n'est-il pas un bâtiment britannique, armé par un équipage britannique et naviguant de toute évidence sur une mer à dominante britannique ? Pour Londres, l'affaire dérive de la jalousie de ces Yankees, de ces parvenus qui n'ont jamais dissimulé leur jalousie à l'égard d'une vieille nation aristocratique. Elle procède encore de la toute-puissance d'une presse qui se fait l'instrument de l'émotion du gouvernement américain et de l'indignation des familles.

L'enquête

Il y a plus. La commission est présidée par le sénateur Smith. Âgé de 47 ans, celui-ci est un des grands ténors du parti républicain qui, à l'initiative de Th. Roosevelt et de Taft, mène depuis de longues années une lutte acharnée contre la corruption et les abus des trusts. Le naufrage devrait permettre au sénateur de dévoiler le comportement occulte des compagnies de navigation et de déboucher sur une nouvelle législation. Une enquête qui aura le don de soulever l'exaspération des marins britanniques retenus à New York. Les membres de la commission affichent, au départ du moins, une ignorance abyssale sur les problèmes de navigation et de la mer. En fait, les sénateurs finiront par dominer le problème et les 1 150 pages du rapport du sous-comité constituent une somme sur le naufrage et dépassent largement le cadre initial de l'enquête liée à l'étude des moyens de sécurité et de sauvetage du paquebot.

▸ Lord Mersey, au bras de son fils, arrive au Tribunal des naufrages britannique.

▲

La fin du capitaine Smith devait donner lieu à de nombreuses interprétations invérifiables. Il aurait sauvé un bébé et tenté sans succès de se hisser à bord d'une embarcation.

◄

L'opérateur radio Jack Phillips. Le rôle de la radio sera au centre des débats.

À cette enquête vont s'en ajouter deux autres : celle du Tribunal des naufrages britannique, de caractère exceptionnel, présidé par Lord Mersey, que l'on retrouvera au lendemain du torpillage du *Lusitania*, et celle du Board of Trade limitée aux moyens de sécurité. L'atmosphère en sera très différente de celle de la commission de New York. On se retrouve entre initiés. On parle le même langage. En fait, la démarche et les conclusions des deux commissions seront finalement très proches.

En ce qui concerne la conception du navire, aucun reproche majeur. Personne n'est d'ailleurs en mesure de préciser la nature de l'avarie provoquée par l'iceberg : déchirure de la coque sur une soixantaine de mètres de long provoquée par un bloc de granit enchâssé dans la glace, enfoncement de la quille de roulis tribord ou dislocation des tôles de la carène ?

On a pu simplement déplorer que le double fond n'ait pas été étendu jusqu'à la flottaison. Le bâtiment aurait peut-être survécu. Un compartimentage latéral se serait montré encore plus sûr. Avec une forte réserve cependant. Un cloisonnement n'aurait pu que concerner la partie centrale et n'aurait assuré qu'une protection bien limitée dans le cas d'une rencontre avec un iceberg. En fait, les commissions doivent bien admettre que la construction d'un grand bâtiment insubmersible relève du domaine de l'utopie.

En revanche, personne ne soulève le problème de la lenteur de la réaction à la barre. Après des expériences effectuées à bord de l'*Olympic* après la disparition du *Titanic*, il faudra bien reconnaître qu'un délai de trente-cinq secondes intervenait entre le moment où la barre était mise à droite ou à gauche toute et celui où le bâtiment commençait à réagir. Des essais plus poussés auraient peut-être permis de déceler cette faiblesse. Or, les essais du *Titanic*, extrêmement rapides, s'étaient limités au réglage du compas et à quelques girations effectuées à puissance réduite.

En ce qui concerne la route suivie par le *Titanic* au moment de l'accident, elle était parfaitement conforme à celle fixée par la convention internationale de 1899. Elle se trouvait même à une dizaine de milles plus au sud. Il est vrai qu'à l'époque, cette route avait suscité de sérieuses réserves. Elle faisait courir des risques aux pêcheurs des bancs de Terre-Neuve et elle coupait la limite sud de la dérive des glaces.

Mais, un itinéraire plus méridional, se traduisant par un allongement de la traversée, ne pouvait que contrarier les intérêts des compagnies de

navigation, pour lesquelles la vitesse constituait un argument économique majeur. Il y a là une interprétation quelque peu simplifiée. Si les compagnies ont intérêt à suivre les routes les plus courtes pour des raisons évidentes de rentabilité, économie de combustible, rotation plus rapide des navires, elles y sont poussées par les passagers eux-mêmes pour lesquels vitesse et régularité tiennent une place aussi grande que le confort. Au moindre retard, les doléances affluent sur la passerelle.

La question des messages radio

Le problème des messages radio révèle des surprises. Tout au long de la journée du 14 avril, le *Titanic* a reçu cinq messages émanant de navires différents signalant la présence de glaces. Malheureusement, si les quatre premiers indiquent l'existence de glaces au nord et au sud de la route suivie par le *Titanic,* le dernier n'a pas, de toute évidence, été transmis à la passerelle.

Ce message émanant du *Mesaba,* reçu à 21 h 40, était explicite : « Glaces signalées, latitude 42 degrés à 41 25 nord, longitude 49 à 50 30 ouest. Avons vu quantité de grosses masses de pack ice et grand nombre de grands icebergs. Champ de glace également. Temps beau et clair. » Ces glaces se trouvent directement sur la route suivie par le *Titanic* et la négligence de l'opérateur Phillips constitue une des causes directes de la catastrophe.

Autre négligence grave : une heure avant la collision, le *Californian* signale : « Sommes arrêtés et entourés de glace. » Un pack qui se trouve directement sur l'avant du *Titanic.* L'opérateur du *Californian* se fait alors vivement rabrouer par Phillips : « Shut up! Taisez-vous, suis occupé. Je communique avec cap Race ». Phillips adresse, en effet, une liasse de télégrammes remis par des passagers.

Cette série de dramatiques négligences semble tenir au fait que la TSF de l'époque, dont l'exploitation appartient à des firmes privées, Telefunken et surtout Marconi, n'est pas encore considérée comme une aide à la navigation. Certes, le commandant a priorité pour l'envoi de « messages officiels » adressés à sa compagnie, à d'autres navires et naturellement en cas de détresse. Il n'en reste pas moins que la TSF apparaît essentiellement comme un instrument commercial au service des compagnies ou des passagers, destiné à donner des nouvelles familiales ou à envoyer des messages d'affaires.

Autres caractéristiques de cette première radio : la portée extrêmement variable des appareils et l'absence d'écoute permanente. Seuls les grands navires disposent de deux opérateurs qui se relèvent à tour de rôle. Sur la plupart des unités moins importantes, il n'existe qu'un seul opérateur qui assure généralement un service de 6 à 7 heures du matin jusqu'à 11 heures du soir.

À l'heure de la catastrophe, deux bateaux à proximité du *Titanic* sont devenus silencieux, le *Parisian* et le *Californian*, dont les opérateurs viennent juste de débrancher leurs appareils. Quant à l'arrivée du *Carpathia*, elle n'a tenu qu'à un fil. La réception de l'appel de détresse s'est effectuée juste au moment où son opérateur s'apprêtait à aller au lit.

Il aurait pu y avoir pire. Il s'en est fallu de peu que le *Titanic* ne soit pas en mesure de lancer ses appels et ne disparaisse sans laisser de trace. Pendant tout l'après-midi du 14 avril, le géant des mers avait été en panne de TSF. C'est seulement en fin de journée que les deux opérateurs, après sept heures d'effort, avaient réussi à localiser l'avarie et à remettre le poste en état de marche.

La vitesse mise en cause

Autre point litigieux : la vitesse du bateau. Au moment du choc avec l'iceberg, celle-ci était de l'ordre de 21 à 22 nœuds. Certains passagers ont cependant prétendu qu'au cours de la nuit tragique et bien que connaissant la présence de glaces par le télégramme du *Baltic*, Bruce Ismay aurait incité le commandant à augmenter la vitesse, non pour remporter le ruban bleu, mais pour battre le record de traversée de l'*Olympic*. L'audition du président de la White Star devant la commission d'enquête démontre qu'Ismay n'était pas un passager comme un autre. Il avait une bonne connaissance des problèmes de navigation et suivait régulièrement la marche du navire depuis son départ de Southampton.

L'accusation n'en est pas moins gratuite. Il est exact que le *Titanic* depuis son appareillage montait régulièrement en puissance, ce qui est normal pour un bâtiment en rodage. Il n'en reste pas moins que Smith effectuait son dernier voyage et qu'il n'avait plus rien à craindre pour sa carrière. Les grandes compagnies ne cessaient encore de rappeler à leurs commandants que l'esprit de compétition, le goût de la vitesse et de la régularité n'excluaient nullement la prudence. Avant chaque traversée,

Double page précédente :
Considéré comme l'un des grands responsables du désastre, le président de la White Star, Bruce Ismay, dépose devant la commission américaine dans les salons du Waldorf Astoria à New York.

▸
Jusqu'à la découverte de l'épave, la fin du Titanic devait faire l'objet d'interprétations opposées. Pour certains, il aurait coulé intact. Pour d'autres, il se serait cassé en deux entre la troisième et la quatrième cheminée avant que la poupe ne se dresse presque à la verticale puis disparaisse dans les flots.

WHIRLING WATER OF THE VORTEX
THE WRECK SINKING TOWARDS THE OCEAN BED ABOVE IS THE MASS OF TURBULANT WATER CAUSED BY THE VORTEX WHICH IS SUCKING ALL THE WRECKAGE, BOATS, BODIES, ETC RIGHT DOWN WITH THE SHIP TO THE BOTTOM.

le surintendant de la White Star remettait aux capitaines une instruction qu'ils devaient lire attentivement et en donner une reconnaissance écrite. « Vous devez, soulignait-il, écarter toute idée de concurrence pour la vitesse de vos traversées avec d'autres navires et concentrer toute votre attention sur un mode de navigation où votre prudence et votre vigilance ne seront jamais en défaut. Vous ne devez pas hésiter à subir une perte de temps ou tout autre inconvénient temporaire, plutôt que de courir le moindre risque qui pourrait être évité autrement. »

Au cours de la nuit fatale, le *Titanic* navigue à vitesse normale. Une pratique courante à l'époque, à condition que la visibilité soit bonne et qu'il n'y ait pas de brume. À Londres, devant le Tribunal des Naufrages, Lord Mersey déplorera cette procédure. « Cette pratique, a-t-on dit, a été justifiée par l'expérience ; jusqu'à présent, aucun sinistre n'en était résulté. J'accepte les témoignages en ce qui concerne l'existence de cette pratique et de son immunité de sinistres. Mais l'événement a prouvé qu'elle était mauvaise. »

De toute manière, que ce soit par les compagnies de navigation ou d'assurances, la glace n'est pas considérée comme un risque majeur. Le phénomène apparaît tout d'abord exceptionnel. Au cours de carrières déjà longues, aucun des officiers survivants du *Titanic* n'avait rencontré d'iceberg. Le risque paraissait minime. En vingt ans, de 1890 à 1910, le Board of Trade, sur 89 000 traversées de l'Atlantique accomplies par les bâtiments britanniques, n'avait enregistré que treize accidents liés à la glace, sans la perte d'une seule vie humaine. Étaient considérés comme beaucoup plus dangereux un abordage, la rencontre avec un derelict, c'est-à-dire une épave flottant entre deux eaux. Pour les compagnies d'assurances, la chance ou plutôt la malchance de heurter un iceberg sur la route Southampton-New York était de l'ordre de une sur un million.

En fait, trois éléments expliquent le drame du *Titanic*. L'abordage avec l'iceberg aurait peut-être été évité si les veilleurs du nid de pie avaient reçu les jumelles qu'ils n'avaient cessé de réclamer. L'accident avait encore de très fortes chances d'être évité si le message capital du *Mesaba* avait été transmis sur la passerelle.

Le Titanic a encore eu la malchance, au cours de la nuit fatale, de se heurter à une véritable anomalie climatique. Par suite d'un hiver d'une douceur exceptionnelle, la dérive des glaces avait pris une ampleur inhabituelle.

12 Pages

12 Pages

Le Petit Journal

HEBDOMADAIRE
61, rue Lafayette, Paris

illustré

PRIX : 0 fr. 30
29 Avril 1923

Des Fleurs sur la Mer

Les marins, plus que tous autres, conservent pieusement le souvenir des disparus. C'est ainsi que le grand transatlantique

Double page précédente :
L'aumônier d'un navire passant sur le lieu du sinistre adresse une ultime prière à la mémoire des victimes (illustration parue dans Le Petit Journal).

De toute manière, un accident était inévitable. Si le *Titanic* avait évité l'iceberg qui lui fut fatal, il avait de fortes chances de heurter un autre de ces énormes blocs de glace qui avaient soulevé l'étonnement des rescapés dans les canots au moment où le jour se levait. De toute façon, il aurait rencontré le pack, cette énorme banquise de vingt à trente milles de long et de six à sept de large, qui avait arrêté la marche du *California* et empêché le *Mount Temple* d'atteindre directement le lieu du naufrage. Les dégâts, il est vrai, auraient été probablement supportables. Les ice-fields offrent, en effet, une épaisseur relativement faible et sont généralement constitués d'une glace friable.

Des embarcations en nombre insuffisant

Dernier problème majeur : celui des embarcations. À l'étonnement et à l'indignation unanimes, les commissions révèlent que pour une capacité maximale de 3 547 personnes, passagers et hommes d'équipage compris, le *Titanic* n'offrait que 1 178 places dans ses canots de sauvetage. Une situation qui n'a d'ailleurs rien d'anormal, si l'on peut dire, et que l'on retrouve à bord de tous les grands paquebots de l'époque. Le *Titanic* n'en est pas moins en conformité avec les règlements de sécurité du Board of Trade et même au-delà. Il dispose de vingt embarcations dont quatre radeaux, alors qu'il aurait pu se contenter de seize canots.

Cette anomalie ne tient pas à une volonté d'économie sordide. Elle procède de l'expérience. Les naufrages sont de plus en plus rares. Les bateaux de plus en plus sûrs. En vingt ans, sur 9 millions de personnes qui ont traversé l'Atlantique, on ne compte que 118 morts et disparus. Certes, une refonte des textes de sécurité est en cours. Elle reste cependant insuffisante. Dans le cas du *Titanic*, elle n'aurait permis d'accueillir que 2 200 personnes sur 3 547 et probablement beaucoup moins. Des dérogations sont, en effet, prévues pour les bâtiments équipés de la TSF. Cette situation procède, en fait, d'un scepticisme. On met en doute la possibilité de mettre à l'eau un grand nombre d'embarcations et même de les remplir.

Scepticisme confirmé par le propre exemple du *Titanic*. On ne compte que 711 passagers recueillis sur 1 178 places disponibles. Il suffit de rappeler les raisons de cette surprenante anomalie. Avec la répugnance des passagers à embarquer, beaucoup de canots sont partis à moitié vides. Contrairement à l'espoir de beaucoup d'officiers, il s'est révélé impos-

◄
Plus de dix ans après la catastrophe du Titanic, le paquebot France, traversant le lieu du naufrage, jette une gerbe de fleurs.

sible de compléter les effectifs par les sabords de charge. On a pu noter aussi la lenteur et la maladresse de trop nombreux matelots chargés de l'évacuation. Un seul exercice de mise à l'eau était intervenu à Southampton. Encore s'était-il déroulé à quai et n'avait-il concerné que deux embarcations.

Dernière ombre au tableau, à l'origine d'une sévère polémique : si plus de 62 % des passagers de première classe et 41 % de ceux de deuxième classe ont pu être sauvés, cette proportion dépasse à peine 25 % pour les troisièmes. N'y aurait-il pas eu une discrimination, une réaction de « racisme » à leur égard ? Il suffit de rappeler que la plupart d'entre eux sont des immigrants d'origine méditerranéenne ou d'Europe de l'Est.

Cette faible proportion s'explique d'abord par le plan du *Titanic*. Les passagers de troisième logés dans les ponts inférieurs ont eu un long chemin à parcourir avant d'atteindre les ponts supérieurs. Il y eut également l'obstacle de la langue. Bien peu de ces étrangers comprenaient l'anglais. Il y eut enfin des réactions brutales de certains groupes d'hommes cherchant à monter à tout prix dans les embarcations. Lightoller devait traiter en particulier les Italiens de wild beasts, de bêtes sauvages, au point de susciter une vive protestation de l'ambassadeur d'Italie.

Il y eut également dans certains groupes ethniques une incompréhension complète des règles d'évacuation, femmes et enfants d'abord. Des familles entières préférèrent disparaître ensemble plutôt que de se dissocier. En traversant la salle de réunion des troisièmes alors que le bâtiment était visiblement condamné, un stewart aperçut un groupe d'émigrants pelotonnés les uns contre les autres en train de prier et d'égrener un chapelet.

Fait révélateur, la plupart des jeunes Scandinaves et les Irlandais familiarisés avec les choses de la mer furent sauvés, alors que presque tous les Slaves et les Orientaux disparurent. Indépendamment de tout phénomène raciste, on enregistre des inégalités inattendues. C'est parmi les hommes de deuxième classe que la proportion de rescapés fut de loin la plus faible : à peine 8 % au lieu de 32 % en première et de 16 en troisième. À noter encore que près de la moitié des femmes de la classe inférieure fut sauvée, mais à peine le tiers des enfants. Il y eut également des défaillances parmi les happy few, à commencer par Bruce Ismay. Mais, dans l'ensemble, ces privilégiés surent mourir, même si la presse américaine ou britannique devait insister à l'excès sur le self-control des Anglo-Saxons.

▸

Après le naufrage du Titanic, les mesures de sécurité furent considérablement renforcées à bord de tous les grands paquebots.

Dernier problème. Y avait-il un autre navire, pendant la nuit du drame ? Au moment de l'abordage, nombre de témoins ont aperçu à proximité les feux d'un vapeur qui semblait se diriger sur le *Titanic*. La commission d'enquête américaine a toujours eu la conviction qu'il s'agissait du cargo *Californian* et a lourdement dénoncé la passivité de son commandant, le capitaine Lord.

Celui-ci a trouvé des défenseurs. Il ne se trouvait pas à moins de 10 milles comme l'ont prétendu les Américains, mais à 20 nautiques comme le confirme son livre de navigation. Compte tenu d'un banc de glace, il lui aurait fallu au moins trois heures et demie pour arriver sur le lieu du naufrage. Beaucoup trop tard par conséquent. Les feux concerneraient, en réalité, un troisième bateau que l'on n'a jamais pu identifier avec certitude. Peut-être le norvégien *Sealer* de 500 tonnes qui pratiquait illégalement la chasse au phoque. Subsiste un mystère.

Les conséquences du naufrage

En tout cas, la disparition du *Titanic* se traduit immédiatement par une amélioration des mesures de sécurité. Les compagnies augmentent le nombre de canots de sauvetage. Après six mois d'immobilisation, l'*Olympic* reprend la mer avec un double fond s'élevant au-dessus de la flottaison et des cloisons étanches prolongées jusqu'au pont B. La conférence internationale de Londres de 1913 prévoit que tous les bâtiments devront avoir une gamme complète de moyens de sauvetage répondant au nombre de passagers.

En ce qui concerne la TSF, un poste avec écoute permanente sera obligatoire pour tous les navires effectuant des voyages internationaux avec plus de 50 personnes à bord, pour les bâtiments filant plus de 15 nœuds avec plus de 25 passagers et les bateaux marchant de 13 à 15 nœuds avec plus de 200 personnes. En revanche, il faut attendre 1960 pour qu'une réglementation précise qu'un paquebot doit pouvoir continuer à flotter avec un de ses compartiments envahi. Ce qui montre à quel point le *Titanic* était en avance sur son temps.

Reste le problème des glaces. Indépendamment d'une route plus méridionale établie quelques jours seulement après la disparition du *Titanic*, treize pays décident, le 20 janvier 1914, à l'initiative des États-Unis, la création d'un service international chargé de repérer, de localiser et de détruire éventuellement les épaves flottantes et les glaces dérivantes.

▸
À bord d'une embarcation (et plus tard sur le Carpathia) le jeune Jack Thayer devait se livrer à des croquis privilégiant la thèse de la fracture de la coque. Version vérifiée soixante-dix ans plus tard, lors de la découverte de l'épave.

C'est le point de départ de la célèbre Patrouille des Glaces. Les Américains en assurent le fonctionnement technique avec la participation financière des adhérents.

Le naufrage du 15 avril 1912 se trouve ainsi à l'origine d'une réglementation internationale qui va contribuer à renforcer l'extraordinaire sécurité du transport maritime des passagers, sans éviter cependant quelques catastrophes retentissantes. Au cours de l'entre-deux-guerres, c'est l'incendie qui se trouve à l'origine de la disparition de plusieurs grands paquebots, comme les français *Georges Philippar*, *Atlantique* et *Paris*.

L'abordage joue aussi son rôle. Le plus dramatique intervient le 24 mai 1914 dans l'embouchure du Saint-Laurent noyé dans la brume. Abordé par le cargo norvégien *Storstad*, le paquebot *Empress of Ireland* de 18 000 tonnes, disparaît en une quinzaine de minutes. On ne compte que 264 rescapés sur 1 370 passagers. Chose étrange, le drame n'a qu'un bref retentissement. Rien de comparable avec la disparition du *Titanic*, le seul grand bâtiment victime d'un iceberg.

Chapitre 6

Le géant retrouvé

La légende du *Titanic* dépasse largement les premières grandes manifestations de deuil. De nouvelles légendes se tissent. Le drame fait l'objet de romans, de films. La découverte de l'épave en 1985 contribue à donner un nouvel élan à la mémoire du grand paquebot disparu. Trait marquant : à partir de 1912 et pendant des années, on assiste à l'inauguration de monuments érigés à la mémoire de certaines personnalités ou de groupes ayant disparu lors de la catastrophe. La liste en est longue. Des bustes, des statues, des bas-reliefs perpétuent le souvenir du chef d'orchestre William Hartley, dont le corps a été retrouvé quelques jours après le naufrage, du capitaine Smith, des époux Strauss, d'Edith Evans qui avait cédé sa place dans une embarcation à une jeune femme attendue chez elle par son enfant, d'Archibald Batt, l'aide de camp du président Taft et de l'architecte Thomas Andrews.

Sont encore élevés deux monuments à la mémoire des officiers-mécaniciens du *Titanic*, le premier à Southampton, le second à Liverpool. Un autre monument évoque le souvenir des stewards… Un dernier en date, inauguré le 26 mai 1931 à Washington, célèbre le souvenir des femmes du *Titanic*.

Le drame sert de thème à plus de 500 chansons, opérettes, comédies musicales comme *The Wreck of the Titanic* dont le succès sera considérable en Grande-Bretagne et dans les pays du Commonwealth. Le roman s'en mêle. À se limiter à la production française, le meilleur, et de loin, est celui d'Édouard Peisson, paru en 1932, *Parti de Liverpool*.

Il met en jeu *L'Étoile des mers*. Là aussi, c'est le directeur de la compagnie, qui, de son lointain bureau londonien, incite le commandant à battre le record de vitesse sur l'Atlantique nord. Le drame du *Titanic* se renouvelle. Le paquebot heurte un iceberg en pleine nuit. Le choc est, là encore, à peine perceptible. Mais le nouveau géant des mers se casse progressivement en deux.

L'évacuation se déroule au milieu d'une effroyable panique. La mise à l'eau des canots par une mer très forte tourne au désastre. Plusieurs

▲

Un groupe de boys-scouts britanniques se livrant à une quête pour les victimes du Titanic.

▶

Monument élevé à la mémoire du Titanic à Belfast, devant l'Hôtel de Ville.

TITANIC MEMORIAL
AN ICEBERG ON HER MAIDEN VOYAGE
FROM SOUTHAMPTON TO NEW YORK

embarcations sont écrasées le long de la coque. En fermant le livre, on a cependant la surprise de constater que sur plus de 1 000 passagers, on ne compte que 55 victimes dont le commandant et la plupart des officiers.

L'œuvre littéraire la plus surprenante est peut-être la saga en trente-trois chants de Hans Magnus Enzesberger, *Le Naufrage du Titanic*, qui repose sur une parfaite connaissance de tous les détails du drame.

Le Titanic à l'écran

À la différence du *Radeau de la Méduse* ou du torpillage du *Lusitania*, qui n'ont pas eu les honneurs de l'écran, le *Titanic*, de 1920 à 1976, a inspiré au moins six versions cinéma et un téléfilm, sortis des studios les plus divers. Toutes ces réalisations tiennent de la surperpuction où la réalité le dispute bien souvent à la fiction. Les monstres sacrés, les célébrités de l'époque prêtent leur concours aux intrigues les plus variées, amoureuses, financières ou politiques.

Le premier de ces films a été tourné dans les années vingt. La distribution compte quelques grandes stars, comme Madeleine Carroll ou Adolph Menjou. Le deuxième, *Atlantic*, fut réalisé en Allemagne. Il n'a laissé qu'un seul souvenir : ce fut le premier film parlant tourné en Europe. Mais le *Titanic* de 1943, également tourné en Allemagne, à la demande du ministre de la Propagande Goebbels, éclipse largement cette réalisation. C'est sans aucun doute le film le plus spectaculaire et le plus dramatique, tant par les images que par les péripéties du tournage. Accusé d'avoir tenu des propos injurieux à l'égard des forces armées du Reich, le réalisateur de cette superproduction, Herbert Selpin, fut arrêté et se suicida dans sa prison. Werner Klinger devait le remplacer.

Achevé en 1943, *Titanic* est à la mesure de la conjoncture de l'époque. C'est un brûlot anti-britannique. De fait, Bruce Ismay se trouve naturellement à bord avec sa jeune maîtresse. Il ne cesse de presser le capitaine Smith d'enlever le ruban bleu, seul moyen de rétablir la situation financière désastreuse de la White Star. Le seul personnage vraiment sympathique du bord n'est autre que le lieutenant Petersen, d'origine allemande, comme il se doit, et qui ressemble à s'y méprendre à Lightoller. Lors du naufrage, l'officier réussit à sauver Ismay pour qu'il puisse comparaître devant une commission d'enquête.

Deux scènes du film de Cameron : « Titanic ». Une réplique du paquebot, à quai, et l'eau faisant irruption dans la grande descente des premières classes.

WHITE S

◂

Eric Braeden jouant le rôle du colonel Astor dans le « Titanic » de Cameron.

Malgré des moyens énormes, les extérieurs ont été tournés à Gothenhaven, ex Gdynia ; le film est inégal. L'évacuation, la panique des passagers, la mise à l'eau des embarcations ne manquent pas de souffle. Fait étrange, *Titanic* ne sera pas projeté en Allemagne. Goebbels tient à ménager la sensibilité d'une population soumise à des raids de terreur et à patronner un cinéma de détente. *Titanic* sera cependant présenté à Stockholm et à Paris, en novembre 1943. Au lendemain de la guerre, en 1949, il sera enfin projeté sur les écrans de l'Allemagne fédérale, avant d'être interdit à la suite des protestations de l'ambassade britannique. En revanche, *Titanic* sera diffusé en Allemagne de l'Est et suivi en 1950 d'une autre production, *Epilog*, de Helmut Kaütner, qui ne sera pas distribué à l'étranger.

Avec Jean Negulesco, Hollywood ne peut s'empêcher de tourner en 1953 son propre *Titanic*. Le désastre ne sert d'arrière-plan qu'à une banale intrigue. Cinq ans plus tard, intervient le cinéma britannique avec *A Night to remember, Atlantique latitude 41°*. Version honnête, à la limite du documentaire, directement inspirée du livre de Walter Lord et qui n'hésite pas à reprendre une partie des scènes d'évacuation du *Titanic* de 1943.

▴

Une scène d'évacuation du Titanic, tirée du film allemand de 1943. Cette scène sera reprise, après la guerre, dans la production américaine : « A Night to remember ».

Là encore, il s'agit d'une production à thème. Le film constitue un réquisitoire écrasant contre le commandant du *Californian*, qui se refuse à toute intervention, en dépit des fusées de détresse du géant des mers en perdition. Dernière version, enfin, le téléfilm de William Hale, tourné aux États-Unis, *S.O.S. Titanic*. Réalisation honorable, à peine au-dessus de la moyenne.

Enfin, une super-production américaine de James Cameron est attendue, en France, pour début 1998. L'action a pour cadre le géant des mers et l'on y suit la passion amoureuse de deux jeunes gens interprétés par Leonardo DiCaprio et Kate Winslet. La question d'un trésor qui dormirait encore dans l'épave du navire y est largement évoquée. Le film, sobrement intitulé *Titanic*, serait le plus cher de toute l'histoire du cinéma.

La légende

Pendant toute l'entre-deux-guerres, des légendes continuent à fleurir. Le *Titanic* aurait enfermé dans ses flancs un véritable trésor, évalué par certains à 200 millions de dollars, soit plus d'un milliard de francs-or.

Ce trésor, ou plutôt ces trésors, concerneraient des lingots d'or, des diamants de la De Beers, une œuvre rare, comme le *Rubbayiat* d'Omar Khayam, un recueil de contes persans, à la reliure ornée de rubis, ainsi que des valeurs et des bijoux appartenant à des passagers.

Il ne s'agit là, en fait, que de pures suppositions. La cargaison n'était assurée que pour 420 000 dollars. Le *Rubbayiat* n'était qu'une copie. Au moment où le naufrage se dessinait, beaucoup de passagers fortunés s'étaient empressés de retirer leurs fonds et les valeurs aux bureaux des commissaires. Beaucoup débarqueront à New York avec argent et bijoux. Lorsqu'on retrouvera le corps de John Astor, on découvrira dans son portefeuille la coquette somme en billets de 2 440 dollars et 225 livres.

Des phénomènes étranges contribuent à nourrir la légende du *Titanic*. Alors qu'il se dirige sur Halifax en 1935, un cargo anglais traverse en pleine nuit le lieu du naufrage ; un homme de veille est brutalement saisi d'une mortelle angoisse. Un énorme iceberg jaillit de l'obscurité, droit devant. Le bateau réussit à éviter l'obstacle pour se trouver immédiatement entouré et bloqué par une banquise. Il ne sera dégagé que par des brise-glace venus de Saint-Jean de Terre-Neuve. Le cargo s'appelait le *Titanian* et l'homme de veille était né le 15 avril 1912.

Le malheur semble encore s'acharner sur la famille d'illustres disparus ou sur certains rescapés. La femme du capitaine Smith trouve la mort dans un accident de la circulation. Son gendre se suicide, sa fille perd ses deux fils, l'un meurt de maladie, l'autre est tué pendant la Première Guerre mondiale. La presse anglo-américaine, toujours à l'affût de ces arrêts du destin, signale en 1965 le suicide dans sa maison de Southampton de Fred Fleet, un des veilleurs du *Titanic*, le premier à avoir aperçu l'iceberg.

Une association, les Enthousiastes d'Amérique, rebaptisée, la « Société d'histoire du *Titanic* », se crée en 1968 pour perpétuer le souvenir du géant des mers. Elle recueille à Indian Orchard, dans le Massachussetts, tous les témoignages et documents concernant non seulement le bâtiment naufragé, mais les survivants. Tous les cinq ans, à la date du 15 avril, intervient une commémoration.

Chaque réunion obéit à un thème. Exercice d'embarcations pour celle de San Diego. Réunion de survivants à Greenwich dans le Connecticut. Le banquet de clôture a pour menu celui des premières classes le dimanche soir 14 avril. Un office religieux termine la réunion et les

▸ Trois objets récupérés au fond de l'océan. La statue d'un angelot portant un candélabre de la grande descente, l'armature en bronze d'un banc du pont et un hublot.

assistants n'hésitent pas à entonner le cantique « Plus près de toi, mon Dieu ». Les survivants finissent par adhérer eux-mêmes à la légende.

Dans le nouveau musée maritime de Philadelphie, la Société ne cesse de rassembler des souvenirs : le gilet de sauvetage de Mme Astor, une chaise de pont, une bouteille de whisky, un rasoir, un bracelet porté par une passagère et endommagé lors de sa chute dans un des canots, un bouton de veste de steward aux armes de la White Star, du papier à lettres à l'en-tête du *Titanic*, un billet délavé par l'eau de mer. À ce musée, est associée une somme de livres, de brochures, de photos, de films et de vidéos.

Le musée maritime d'Halifax présente également des souvenirs et toute une documentation. La ville conserve surtout les cimetières où sont enterrés les corps de plusieurs dizaines de passagers. De fait, au lendemain du naufrage, la White Star affréta deux navires qui effectuèrent, du 17 avril au 3 mai, des recherches sur les lieux de la catastrophe. 328 corps sont retrouvés ; 119 dans un état de décomposition avancé sont à nouveau immergés, tandis que les 209 autres sont ramenés discrètement à Halifax, après un embaumement sommaire.

Chaque corps fait l'objet d'une brève description pour faciliter l'identification : « Femme 25 ans, chevelure blonde, 150 marks finlandais cousus dans les vêtements. » 150 corps ne seront pas réclamés. Pour la plupart des émigrants, ils seront enterrés dans un cimetière proche de la ville. 121 seront inhumés dans le cimetière protestant, 19 dans le cimetière catholique du Mont des Oliviers et 10 dans le cimetière israélite. De temps en temps, les tombes reçoivent la visite des derniers survivants.

À la recherche de l'épave

En arrière plan de tout cet effort d'évocation, un problème lancinant ne cesse de hanter certains esprits depuis 1912 : la recherche et éventuellement le renflouement de l'épave du Titanic qui repose par près de 4 000 mètres de profondeur. Les premières tentatives d'exploration interviennent au lendemain de la Seconde Guerre mondiale, grâce aux progrès enregistrés dans les techniques océanographiques.

En 1953, la société britannique de Douglas Woolley accomplit une première campagne. Sans le moindre résultat. Une seconde intervient vingt ans plus tard. Woolley et son équipe sont convaincus que le *Titanic* est intact. Il repose par grande profondeur dans une zone de conservation

◂

Poupée de fabrication allemande retrouvée sur le lieu du naufrage.

idéale, à température constante et très pauvre en organismes marins. Une fois repéré, le paquebot pourrait être relevé au moyen de deux cents caissons métalliques descendus et fixés à la coque par un bathyscaphe. Ces caissons seraient ensuite remplis d'air comprimé. La remontée s'effectuerait en sept jours, au rythme de vingt mètres à l'heure. Remorqué à Terre-Neuve puis à Liverpool, le *Titanic* serait restauré et transformé en musée. La seconde tentative se solde, en fait, par un échec.

D'autres expéditions suivent, à l'initiative d'Allemands ou d'Américains. Là encore sans succès. La société Walt Disney intervient à son tour dans l'espoir de tourner un film sur le site de l'épave. Elle doit également abandonner, après avoir dépensé plus de 700 000 dollars en études préliminaires. Les tentatives les plus sérieuses concernent Jack Grimm. Il doit son imposante fortune à l'exploitation du pétrole au Texas, et cherche à résoudre des énigmes irritantes, comme l'emplacement de l'Arche de Noé, l'abominable homme des neiges ou le monstre du Loch Ness.

De 1980 à 1983, Grimm dépense plus de 2 millions de dollars dans lÕutilisation dÕun navire océanographique ultramoderne doté d'un sonar remorqué. Des réussites récentes constituent un puissant stimulant. Au large des îles Hawaï, le bâtiment américain d'exploration des grands fonds, *Miza,* équipé d'un nouveau type de sonar, a réussi en 1973 à localiser l'épave d'un sous-marin soviétique. Quatre ans plus tard, l'US-Navy, suivant les mêmes méthodes, parvenait à retrouver et à récupérer un avion Tomcat tombé accidentellement à la mer, ainsi qu'un missile Phenix.

Au cours d'une seconde tentative, Jack Grimm croit toucher au but. Les échos fournis par le sonar semblent laisser discerner les pales d'une énorme hélice, comme seul le *Titanic* pouvait en disposer. Le mauvais temps interrompt les recherches et ne permet pas de retrouver la trace de l'hélice. Découragé, Grimm abandonne.

Le succès va intervenir deux ans plus tard, grâce à la rencontre de deux équipes. La première, dirigée par Jean-Louis Michel, est française. Elle appartient à l'Ifremer, l'Institut français de recherche pour l'exploitation de la mer. Le champ d'action de l'Institut couvre l'ingénierie et la technologie, la pêche et l'aquaculture, l'intervention *in situ* et la recherche océanique fondamentale. Il dispose de navires de recherche et de deux sous-marins habitables, *Cyana* et surtout *Nautile,* capable d'opérer

▸ Les « orphelins de l'abîme », les deux jeunes Français enregistrés sous le nom de Hoffman (il s'agit en réalité d'Edmond Navratil, deux ans, et de son frère Michel, quatre ans) dont le père disparaîtra dans le naufrage, furent récupérés par leur mère à New York.

▴ Le 22 août 1996, Michel Navratil devait rencontrer à New York Edith Haismaan, la survivante la plus âgée du Titanic.

▸ Une autre survivante du Titanic en 1996, Millvina Dean.

jusqu'à 6 000 mètres et de mettre en jeu le robot autonome Épaulard.
La seconde équipe est américaine, avec à sa tête Robert Ballard, qui relève du centre océanographique de Woods Hole, dans le Massachussetts. Son activité recouvre, elle aussi, tous les aspects de l'océanographie, plancton, aquaculture, pétrole, tectonique des plaques, étude géologique des dorsales océaniques et du rift. Pour les deux équipes, le problème clé consiste essentiellement à repérer l'épave du *Titanic*, avant de se livrer à une inspection minutieuse et purement scientifique. Une exploration réussie aurait encore pour but de démontrer au grand public les possibilités nouvelles de l'océanologie.

La campagne débute au cours de l'été 1985. À partir du 28 juin, l'équipe française, à bord du navire océanographique *Suroît,* explore une zone de recherche de 150 milles carrés établie en fonction des positions données au cours de la nuit du drame par le *Titanic*, le *Californian* et le *Carpathia*. Le *Suroît* met en jeu le SAR, un système acoustique remorqué, qui balaie des bandes de vingt-cinq kilomètres sur un kilomètre de large.

◂

Détail de la plage avant du Titanic.

Pendant six semaines, l'exploration se poursuit sans succès. À la mi-août, 80 % de la zone prévue a été balayée et le *Titanic* reste introuvable. Avec l'arrivée de l'équipe américaine, le travail se poursuit à bord du *Knorr*, qui met en jeu deux engins-robot, l'Angus, prévu pour la prise de documents photographiques et l'Argo, doté d'un sonar associé à des caméras vidéo.

La recherche se poursuit pendant une quinzaine de jours, une fois encore sans succès. L'inquiétude finit par s'emparer des deux équipes. On en vient à s'interroger sur la précision des coordonnées de 1912. La ténacité est cependant récompensée. Le 1er septembre, à 1 heure du matin, un objet massif est repéré. De toute évidence, il s'agit d'une des chaudières du *Titanic*, puis de tout l'avant du paquebot, en grande partie intact.

Apparaissent avec netteté la passerelle, l'emplacement de la première cheminée, les grues, les chaînes d'ancre, les cabestans, le grand mât avec sa hune. Le paquebot est cassé en deux et toute la poupe semble avoir disparu. En revanche, une foule d'objets sont éparpillés autour de l'épave, assiettes, vitraux du fumoir, bouteille de champagne, vase de nuit…

◂

Bornes d'amarrage recouvertes par une épaisse couche de rouille.

L'exploration de 1985 s'achève cependant sur une fausse note. Un regrettable différend éclate entre les deux équipes sur l'utilisation des

documents photo. Contrairement à l'intention d'Ifremer qui compte sur la vente des documents pour couvrir une partie des frais de l'expédition, les Américains se refusent à toute exploitation commerciale. Les documents seront communiqués gratuitement.

Une seconde expédition n'en est pas moins prévue pour 1986. Elle doit mettre en œuvre des sous-marins. Mais, pour des raisons bassement financières, Ifremer ne peut y participer et la nouvelle campagne sera uniquement américaine. Elle va mettre en jeu le sous-marin *Alvin*, qui a déjà travaillé avec des bâtiments français. En 1973-1974, dans le cadre de l'expédition franco-américaine Famous, il a participé, en liaison avec le bathyscaphe *Archimède* et le sous-marin *Cyana*, à l'exploration du rift de l'Atlantique nord, au large des Açores.

La première plongée de l'*Alvin* intervient le 13 juillet 1986. Au rythme de trente mètres à la minute, la descente avec trois hommes à bord exige deux heures et demie. Le sous-marin arrive au contact de la paroi tribord avant de reconnaître la partie centrale du navire complètement disloquée et les restes de la poupe. L'engin d'exploration satellite Jason Junior permet des incursions à l'intérieur des ponts supérieurs. La campagne s'achève le 24 juillet par une réussite totale qui a permis une étude approfondie de l'épave et du site du naufrage.

L'exploration du *Titanic* n'est cependant pas terminée. L'année suivante, en 1987, Ifremer prend sa revanche. Un affrètement avec la société britannique ORE (Ocean Research Exploration) a permis d'obtenir les capitaux nécessaires, tandis qu'un second contrat avec la Wesgate Production de Los Angeles permet de régler le problème de la diffusion des images photo et vidéo.

L'expédition met en jeu le sous-marin *Nautile*, doté de bras télémanipulateurs capables de recueillir des objets et de les placer dans des paniers, ainsi que de l'engin d'exploration Robin, très proche de Jason Junior. Au total, une expédition parfaitement réussie, qui complète une extraordinaire moisson d'informations sur le *Titanic* et les conditions de la catastrophe.

Sur ce point, on ne peut dissimuler une certaine déception. Tout l'avant du *Titanic* se trouve profondément enfoncé dans la vase et la fameuse déchirure de la coque provoquée par l'iceberg est à peine visible. Tout semble démontrer que la déchirure est discontinue, aggravée par endroits par la dislocation de plaques de tôle. D'après le professeur Leightley, de Chicago, cette dislocation tiendrait à la fragilité des aciers

Double page précédente :
Une impressionnante collection de ramequins.

▸

Présentation d'objets retrouvés dans l'épave du Titanic, après leur traitement par un laboratoire d'EDF.

EXCLUSIF

ALVIN

IFREMER
NAUTILE

de l'époque. En contact avec des eaux froides, ces aciers devenaient cassants et friables.

Nouvelles hypothèses

◂

Plongée de l'Alvin au cours de l'expédition de 1986.

▾

En revanche, certains n'ont pas hésité, au lendemain des explorations du *Nautile*, à recourir à un « scoop », en présentant une nouvelle version de la disparition du *Titanic*. Au cours de ses descentes, le sous-marin a repéré à tribord avant une brèche de trois à quatre mètres de diamètre. Une brèche qui résulterait d'une explosion liée à un incendie de soute. Le rôle de l'iceberg se trouve, en définitive, évacué. Malheureusement, cette interprétation, associée à la déclaration bien tardive du descendant d'un rescapé, souffre de plusieurs failles.

Un incendie dans une soute à charbon s'est bien manifesté à bord du *Titanic* lors des essais devant Belfast. Mais cet incendie avait été totalement maîtrisé le dimanche 14 avril vers midi. Par ailleurs, ce qui peut sembler pour le moins surprenant, personne parmi les passagers ou les officiers n'a entendu le moindre bruit d'explosion. Pour clore le tout, cette fameuse brèche se trouve trop éloignée de la soute à charbon et est encore située trop au-dessus de la ligne de flottaison pour autoriser une entrée massive d'eau.

D'après l'explication la plus plausible, la brèche tiendrait à l'explosion, au moment du naufrage, d'une chaudière sous pression. Explication qui s'harmoniserait avec les déclarations des rescapés à bord des canots qui ont gardé le souvenir d'une ou plusieurs violentes détonations assourdies, interprétées alors comme des ruptures de cloisons ou des chutes de machines.

◂

Lors de la campagne d'Ifremer en 1987, le sous-marin Nautile devait effectuer, à son tour, plusieurs plongées sur l'épave.

Double pages suivantes :
Le Nautile dispose à l'avant d'un bras télémanipulateur destiné à recueillir les objets et les placer dans un panier. Le Titanic, qui repose par près de 4 000 mètres de fond, ne sera pas renfloué.

Des explorations effectuées par les deux équipes, une constatation ne souffre aucun doute. Le *Titanic* s'est cassé en deux et la poupe retournée sur elle-même se trouve à près de huit cents mètres de l'avant. Reste à déterminer à quel moment cette rupture, qui coïncide avec un des points faibles de la coque entre la troisième et la quatrième cheminée, s'est produite. Pour certains, elle n'a pu intervenir que vers trois cents mètres d'immersion. Pour d'autres, au moment même du naufrage, encore que les témoignages des survivants soient souvent contradictoires. Pour le 2e lieutenant Lightoller, le bâtiment a disparu intact. En revanche, d'autres témoins ont gardé le souvenir particulièrement net d'une cassure au moment de la disparition du paquebot. À bord d'un des canots, le jeune Thayer a effectué un croquis terminé sur le *Carpathia,* particulièrement éloquent. Quoi qu'il en soit, l'avant aurait labouré le fond sous un angle réduit, avant de s'enfoncer dans la vase. En revanche, la poupe, après s'être dressée comme un menhir, aurait effectué une descente verticale, tout en tournant sur elle-même, avant de s'écraser sur le fond, ce qui explique l'ampleur des dégâts.

Les explorations du *Titanic* soulèvent encore le problème du *Californian*. Compte tenu de la position où l'épave a été retrouvée, plus au sud-ouest que prévu, le *Californian* se trouvait bien à vingt milles du lieu du naufrage, comme son commandant l'avait toujours soutenu, et non à moins de dix nautiques, suivant les conclusions des commissions d'enquête. Même en faisant route immédiatement, il serait arrivé au mieux trois heures et demie après le naufrage et n'aurait pu sauver qu'une poignée de survivants à moitié morts de froid.

Il n'en reste pas moins que rien ne justifie l'incroyable indifférence du Lord et de ses officiers. Rien ne justifie non plus les contradictions du capitaine devant les commissions, ni le fait qu'il ait obligé ses officiers de quart à faire un rapport écrit sur tout ce qu'ils avaient vu pendant la nuit ou encore le silence étrange du livre de navigation, où ne figure aucune note entre 1 h 30 et 4 h 30. Subsiste donc le mystère du troisième navire.

En revanche, les explorations ont permis de résoudre un point litigieux, celui de la vitesse du *Titanic.* Cette vitesse n'était pas de 21 à 22 nœuds comme l'ont prétendu les commissions, mais de 20,5 nœuds au maximum. S'effondre donc l'accusation d'ingérence dans la marche du bâtiment portée contre Bruce Ismay.

En définitive, l'épave du *Titanic* repose très exactement par 3 750 mètres de fond. Les restes très endommagés du paquebot apparaissent comme le résultat d'un triple traumatisme : la fracture au moment de la disparition, la descente dans les profondeurs accompagnée de la chute de certains éléments lourds et le heurt brutal sur le fond à une vitesse impossible à évaluer précisément, mais qui aurait pu atteindre de 40 à 50 km/h.

Indépendamment de l'imposante fracture, les expéditions franco-américaines ont eu la surprise de découvrir une immense quantité de débris. Ce champ de ruines contribue à rendre le drame encore plus poignant. À l'exception de tonnes de charbon entre l'avant et l'arrière, de blocs moteurs, de chaudières ou de coffres à proximité de la poupe, la plupart de ces objets se trouvent sur le côté droit de l'épave en raison d'un cou-

TITANIC

rant de sud-sud-est de l'ordre d'un nœud repéré par l'*Alvin* et le *Nautile*. La chute de ces objets relativement légers a dû exiger plusieurs heures et n'a peut-être pris fin qu'au moment où le *Carpathia* atteignait les premières embarcations.

L'éventail de ces débris, comme on l'a déjà souligné, est d'une extraordinaire variété : batteries de cuisine, vaisselle, couverts, bouteilles, vêtements, chaussures, flacons de parfum, lavabos, toilettes. Un des objets les plus émouvants est une tête de poupée de luxe, d'un prix pouvant atteindre 40 dollars à l'époque et qui ne pouvait appartenir qu'à une petite fille de famille très aisée, peut-être Loraine Allison, la seule enfant de première classe disparue au cours du désastre.

L'état de conservation de ces objets est extrêmement variable. Les objets de cuivre ou de bronze sont intacts. Des chaussures, des vêtements conservent encore une étonnante fraîcheur. Il en est de même de milliers de bouteilles, en particulier une bouteille de champagne qui a conservé son bouchon avec son armature de fer. Les grands fonds, ne serait-ce qu'en raison de l'absence de toute lumière solaire et de la faiblesse de la vie animale et végétale, semblent contenir d'étonnantes propriétés de conservation.

Demeurent cependant quelques déceptions. Aucune trace de la momie que le colonel Astor aurait achetée au Caire, au cours de son interminable et scandaleux voyage de noces en Égypte. Pas davantage de trace de la copie du *Rubbayiat* d'Omar Kayyam. Il est bien douteux enfin que les quelques coffres de cabine ou de seconde classe tombés sur le fond contiennent les fameux diamants de la De Beers ou des bijoux d'une valeur inestimable.

Quitte à décevoir les amateurs d'émotions fortes, ni les Américains ni les Français n'ont trouvé la moindre trace de cadavre ou de squelette. Quelques restes subsistent peut-être dans l'intérieur de l'épave où les robots n'ont pratiquement pas pu pénétrer. Il est pratiquement certain que les corps ont été rapidement dévorés par les poissons des abysses et les crustacés, dissous ensuite par la salinité de l'eau de mer. Les abords de l'épave ne constituent pas la nécropole attendue.

CONCLUSION

Avec les expéditions franco-américaines, le dossier du *Titanic* est loin d'être fermé. Le drame de 1912 a donné naissance à un roman de Didier Decoin, *La Femme de chambre du Titanic,* à l'origine d'un film de Bigas Luna, sorti en salle en novembre 1997. Film suivi au cours de l'année suivante d'une superproduction de John Cameron, un des plus gros budgets de l'histoire du cinéma américain, où Éric Braeden tient le rôle du colonel Astor.

Des explorations se poursuivent sur l'épave. En 1992, une expédition russo-canadienne, mettant en jeu les sous-marins *Mir 1* et *Mir 2* reste trois semaines sur le site. L'opération s'achève avec 15 000 mètres de film de 70 mm, d'une qualité technique remarquable. Elle a également permis une étude de la faune qui a élu domicile dans l'épave devenue un havre d'espèces abyssales – vingt-quatre espèces ont été recensées : poissons, crabes, étoiles de mer, éponges et anémones. L'expédition a encore abouti au prélèvement d'échantillons de sédiments en vue de déterminer leur capacité à absorber des éléments fabriqués par l'homme.

En 1994, Ifremer qui avait déjà prélevé plus de 800 objets lors de son expédition de 1987, réussit à remonter au moyen d'un câble d'acier une bitte d'amarrage du *Titanic* pesant plus de 2 500 kg. Deux ans plus tard, en liaison avec l'association américaine RMS *Titanic*, devenue propriétaire de l'épave, Ifremer entreprend sa campagne de loin la plus audacieuse, d'une durée de cinquante-deux jours. Pour la première fois, un puissant éclairage installé sur le fond illumine la proue du *Titanic*. Deux documentaires sont réalisés.

Mais le clou de l'expédition demeure le relevage d'un fragment de la coque du paquebot avec ses hublots, une pièce d'un poids respectable de 15 tonnes, à l'aide de flotteurs remplis de gazole. Le 29 août pourtant, c'est la déception. À la suite de la rupture d'un câble, le fragment de coque retombe dans les profondeurs. À la grande déception des 1 700 passagers embarqués à bord de deux navires et qui avaient déboursé entre 1 800 et 5 900 dollars pour assister au spectacle.

Ce prélèvement d'objets ou de restes du paquebot est à l'origine d'un nouveau conflit franco-américain. Au lendemain de sa campagne de 1986, Robert Ballard avait émis le vœu que le site reste intact, inviolé. Le *Titanic* devrait constituer un Mémorial, peut-être même un mausolée, si des cadavres se trouvaient encore à bord. Deux plaques avaient été apposées sur la coque du géant des mers après la dernière plongée de l'*Alvin*.

La première émanant de la société historique du *Titanic* ne comportait qu'une brève inscription : « À la mémoire de ceux qui ont disparu avec le *Titanic*. » La seconde, offerte par le Club des explorateurs, prie « ceux qui voudraient venir en ces lieux de laisser le paquebot en l'état et de ne pas bouleverser son contenu ». Sur l'insistance de Ballard, le Sénat et la Chambre des représentants avaient encore voté, le 6 octobre 1986, une loi signée ensuite par le Président Reagan qui faisait du site du *Titanic* un Mémorial maritime. Avec le temps, le paquebot a fini par appartenir au patrimoine culturel des États-Unis.

Dans ces conditions, la campagne d'Ifremer de 1987 avec la remontée de plus de huit cents objets apparaît comme une profanation, une insulte à l'égard des victimes de la catastrophe. Cette sainte colère atteint son point culminant lors du show, de la nuit du 28 au 29 octobre à La Villette où l'animateur du spectacle, Telly Savalas, préside l'ouverture d'un coffre de cabine et d'une sacoche de cuir remontée par le *Nautile*, qui ne recèlent d'ailleurs que des objets simples noircis par un séjour de soixante-quinze ans dans les profondeurs. En fait, par suite des contrats de diffusion, ce show donne à l'affrontement une coloration américano-américaine !

En dehors des passions et des réactions chauvines, ce sont deux conceptions de l'archéologie navale qui s'affrontent. Ballard met en doute l'intérêt de remonter des objets d'une technique parfaitement connue. Le *Titanic* n'a pas la valeur d'une épave antique, médiévale ou même moderne. Ce n'est pas la grande pyramide des mers. En revanche, pour les Français, le site du naufrage est un site comme un autre. À condition de ne pas être vendues, des pièces peuvent être prélevées, traitées, restaurées et livrées à la curiosité du public, dans le cadre d'expositions fixes ou itinérantes. Au total, le musée s'oppose au Mémorial.

Contrairement à certains ouvrages d'anticipation à succès, comme celui de Clive Cussler, *Raise the Titanic* (« Renflouez le *Titanic* »), paru en 1976, le géant des mers ne sera pas relevé. L'état de l'épave s'y oppose. Si certaines zones de la coque arborent une peinture qui a conservé tout son éclat, de larges coulées de rouille s'étalent sur les flancs du navire et sur les superstructures. Par l'action de millions de micro-organismes, les parties en fer ou en acier ont, en effet, beaucoup souffert, notamment là où elles se trouvent en contact avec d'autres métaux, comme le cuivre. Sous l'action encore des tarets, toutes les parties en bois, revêtement de pont, abri de la passerelle, bois des barres ont totalement disparu. Les incursions de Robot Junior dans la grande descente, à l'emplacement de la coupole de verre volatilisée lors du naufrage, ont encore montré que les lambris de l'escalier des salons n'avaient pas résisté à l'action de ces micro-organismes. Une tentative de renflouement ne ferait qu'entraîner la dislocation du bâtiment. En définitive, le *Titanic* est condamné à une lente et inexorable dégradation.

Crédits photographiques

AKG : 28 (h), 32-33, 34 (hg), 38 (h), 53, 60 (b), 66 (b), 77 (d), 81, 88, 94-95, 113 (hg)

Archive Photos : 24, 34-35, 44-45, 54-55 (b), 63, 66 (h), 68-69, 70-71, 73 (h), 77 (g), 84 (g), 114 (b)

D.R. : 14, 29

Explorer - Mary Evans Visual Art Library : 96

FPG International Titanic Relief Fund - Explorer : 76-77, 102

Gamma : 119

Illustration by Ken Marschall © 1992 from *Titanic : An illustrated history*, un livre Glénat/Madison Press : 93 (b)

Kharbine Tapabor : 99

Kharbine Tapabor - Mary Evans Visual Art Library : 12 (h), 58 (b), 62, 89 (h), 101

Léonard de Selva : 17, 22, 34 (hd), 47

Popperfoto Cosmos : 6, 25, 30-31, 36, 40-41, 65 (h), 89 (b), 110

PPCM : 16, 23, 38-39, 83, 109 (b), 113 (b)

Roger-Viollet : 6, 12 (b), 15, 20-21, 21, 28 (b), 36-37 (h), 42-43, 64-65, 72-73 (b, h), 74-75, 78-79, 84 (b), 84-85, 87, 103, 113 (hd)

Sipa : 7 (Gold), 8-9, 9 (h), 10-11, 18-19, 26-27, 36-37 (b - Sachs), 39 (h), 48, 54-55 (h), 56-57, 58 (h), 59 (b), 61, 80, 93 (hg), 93 (hd), 107, 109 (h), 112, 120 (h), 121, 122-123 (Sachs), 124-125 (Sachs)

Sygma : 59 (h), 60 (h), 90-91, 114 (h), 116-117, 120 (b)

Tallandier : 48-49, 50-51, 52

20th Century Fox : 104-105, 105, 106

Direction éditoriale : Jean-Michel Espitallier

Conception graphique : Dusan Ivanovic/Tatum

Iconographie : Jeanne Morcellet

Photogravure : Point 4

Achevé d'imprimer en CEE, février 1998